第18辑

会计与控制评论

REVIEW OF ACCOUNTING AND CONTROL

东北财经大学会计学院
中国内部控制研究中心
主办

东北财经大学出版社
Dongbei University of Finance & Economics Press
大连

图书在版编目（CIP）数据

会计与控制评论·第 18 辑 / 东北财经大学会计学院，中国内部控制研究中心主编．—大连：东北财经大学出版社，2025.6．—ISBN 978-7-5654-5752-4

Ⅰ.F233-53；F272.3-53

中国国家版本馆 CIP 数据核字第 2025LQ8476 号

会计与控制评论

KUAIJI YU KONGZHI PINGLUN

东北财经大学出版社出版

（大连市黑石礁尖山街 217 号　邮政编码　116025）

网　　址：http://www.dufep.cn

读者信箱：dufep@dufe.edu.cn

大连永盛印业有限公司印刷　　东北财经大学出版社发行

幅面尺寸：180mm×255mm　　字数：215 千字　　印张：11.25

2025 年 6 月第 1 版　　2025 年 6 月第 1 次印刷

责任编辑：李　彬　孔利利　　责任校对：那　欣

封面设计：张智波　　版式设计：原　皓

书号：ISBN 978-7-5654-5752-4　　定价：68.00 元

教学支持　售后服务　联系电话：（0411）84710309

会计与控制评论

Review of Accounting and Control

第18辑，2025年
No. 18，2025

东北财经大学会计学院
中国内部控制研究中心　主办

编　　辑：《会计与控制评论》编辑部
电　　话：（0411）84738559
传　　真：（0411）84738559
电子邮箱：cicrcedit@126.com
通讯地址：中国・大连市・沙河口区尖山街217号
东北财经大学梓楠楼452室
邮政编码：116025

第18辑，2025年
No. 18, 2025
会计与控制评论
Review of Accounting and Control

目　录

No. 18, 2025
Review of Accounting and Control
Dongbei University of Finance and Economics, China Internal Control Research Center

CONTENTS

第18辑，2025年
No. 18, 2025
会计与控制评论
Review of Accounting and Control

社会信用与全国统一大市场建设

——基于社会信用体系示范城市建设的准自然实验①

陈克兢　徐可妍　张宇博　王玉

（东北财经大学会计学院/中国内部控制研究中心　大连　116025）

摘　要　本研究通过构建多时点DID模型，从资本跨区域流动的视角检验了社会信用体系的改革对全国统一大市场建设的影响。研究结果表明，社会信用体系改革促进企业资本跨区域流动，该结论在稳健性检验后仍然成立。社会信用通过降低地方保护主义程度、提高劳动力市场比较优势和优化资源配置后果三机制促进企业资本跨区域流动。进一步分析表明，当企业为国有企业、所处地区法治环境比较差或者公司内部治理水平比较差时，社会信用的作用更加显著。本文丰富了社会信用体系经济后果研究，对建设全国统一大市场有着重要政策启示。

关键词　社会信用　资本跨区域流动　地方保护主义　全国统一大市场

① 基金项目：本研究受到国家社会科学基金项目（23BGL114）的资助。作者简介：陈克兢（1986—），男，江苏盐城人，东北财经大学会计学院教授、博士生导师，研究方向为资本市场财务与会计；徐可妍（2003—），女，吉林长春人，东北财经大学会计学院硕士研究生，研究方向为公司治理；张宇博（2000—），女，辽宁鞍山人，东北财经大学会计学院硕士研究生，研究方向为公司财务；王玉（2002—），女，河北秦皇岛人，东北财经大学会计学院硕士研究生，研究方向为公司治理。

一、引 言

在我国自计划经济向社会主义市场经济转型进程中，市场于区域资源配置等层面的重要性日益彰显（Soboleva，2022），然而我国区域经济发展呈现不均衡态势（Zhan et al.，2023）。中共中央、国务院曾颁布《关于建立更加有效的区域协调发展新机制的意见》，区域协调在新发展格局中占据关键地位，资本的跨区域有序流动有助于企业利用不同区域的市场资源。然而，除地方保护主义对全国统一大市场建设构成阻碍外（银温泉、才婉茹，2001；周黎安，2004），仍存在诸多不利因素对资本跨区域流动产生影响。当下，社会信用体系建设持续推进，示范城市试点工作逐步开展，其不断完善可规范市场主体行为，削减失信行为，且考评制度亦加重了企业违约成本。尽管企业异地子公司比例呈上升态势，但资本跨区域流动受多因素影响且面临市场分割困境。现有研究多聚焦于正式制度及部分非正式制度，本研究旨在探讨社会信用体系这一非正式制度改革背景下，资本跨区域流动受何影响、二者关系及作用机理，从而为促进资本流动与深化改革提供理论依据，进一步丰富相关领域认识。

既有文献对非正式制度的研究涵盖宗教（Barro and McCleary，2003；Campante and Yanagizawa-Drott，2015；Su，2019）、社会成员价值观（Spolaore and Wacziarg，2023）、信任（张维迎、柯荣住，2002；Francois and Zabojnik，2005；Dearmon and Grier，2009；Capie，2016）对经济价值的影响，而对于社会信用这一非正式制度提及较少。党的二十大报告指出：弘扬诚信文化，健全诚信建设长效机制。这彰显出我国大力发展信用文化、完善社会信用体系的决心。信用是社会成员相互协作的先决条件（Li et al.，2017），但社会信用受历史、文化和地域特色影响，短期内难以实现显著变革。改革开放以来，其改善滞后于经济实力的提升，主要源于守信激励机制欠缺、失信成本较低以及处罚力度薄弱，进而导致信用不良主体数量增多，信用缺失问题突出。地区信用文化能熏陶企业管理层与外部投资者，故应重视社会信用，健全社会信用体系、优化市场环境，以保障经济健康平稳运行，促进企业诚信经营，为构建良好经济生态奠定基础。

基于此，本研究选取我国2007—2022年A股上市公司作为样本，以社会信用体系改革试点为切入点，深入探究社会信用对企业资本跨区域流动的影响。社会信用体系建设有利于规范行业行为、提升公司治理、助力投资者剖析资本流向、监督企业运营，促使企业决策更谨慎，保障企业资本跨区域流动，并为完善社会信用体系建设方面提供现实依据。当前我国社会信用示范城市较少，本研究聚焦对其与资本跨区域流动之间的关系，既能客观评价社会信用的微观作用，又能为社会信用体系改革的完善提供参考。同时，研究二者关系亦可为规范企业资本跨区域流动、完善社会信用体系建设提供现实支撑。在制度本制环境尚不完善的情形下，社会信用体系的构建能推动企业资本跨区域流动并提升效率，积聚社会资本以降低交易成本、缓解市场分割与地方保护主义，降低管理难度、畅通国内大循环并带动国内国际双循环。

本文的贡献如下：一方面，本研究丰富了社会信用经济后果相关文献。现有文献对社会信用关注度较低，多聚焦于其对地方政府隐性债务规模、融资成本（张牧扬等，2022）及企业社会责任（曹雨阳等，2022）的影响，且多侧重于社会信任层面，研究发现其能缓解股价崩盘风险（Cao et al.，2016；刘宝华等，2016；Li et al.，2017；Qiu et al.，2020）、降低企业避税水平（张茵等，2017）、维持审计契约稳定（李明辉，2019）、提高公司并购绩效（三艳、李善民，2017；Lins et al.，2017；杨继彬等，2021）与企业创新（Kong et al.，2021）。本研究基于已有成果，从我国社会信用体系建设的实际出发，考察其对资本跨区域流动的影响，拓展相关研究。另一方面，本研究从非正式制度视角考察资本跨区域流动所受影响，拓展其影响因素文献体系。现有相关文献多局限于正式制度，例如地方保护主义（方军雄，2008）、制度距离（宋渊洋、黄礼伟，2014）与税收制度（张孝蔚等，2017；范子英、周小昶，2022）等，对非正式制度提及较少。本研究从非正式制度角度切入，研究社会信用对企业资本跨区域流动影响，剖析因果效应，为其作用机制提供新视角。

二、理论分析与研究假设

企业边界理论（Coase，1937）认为：企业内部可视为潜在市场，利用权力关系定价能够减少交易费用，但科层结构运作有组织成本，过高会影响资源配置。若市场交易费用高于企业内部协调成本，企业会扩大边界至二者相等。企业异地资本流动靠行政管理协调企业内部资源的配置，以降低市场交易成本。根据信息不对称理论和信号传递理论，投资企业在资本市场中处于信息劣势地位，异地子公司因距母公司距离较远，其管理层信息更充分（李连华、程言雷，2010）。企业有好投资机会时会主动披露资本价值构成或股利分配情况以促进交易。社会信用改革后，一方面可作为利好信号，帮助投资企业了解目标市场信用情况，降低交易风险、提高决策效率。另一方面，该理论也成为监督工具，提高违法成本，减少不诚信行为。

委托代理理论的思想是分离所有权与经营权。所有者享剩余索取权，管理交由专业经理人负责。企业资本跨区域流动主要面临第一类代理问题，异地建立子公司因地理距离等因素难以监督激励管理人员，导致异地经营难、绩效低，阻碍资本跨区域流动（Gao et al.，2008；Garcia and Norli，2012）。社会信用可缓解该问题，增进母子公司之间认同度，缓解代理冲突，提高子公司经营稳绩效，提升企业跨区域配置资本意愿。亚当·斯密的绝对优势理论认为各国利用自身劳动生产率绝对优势谋利。因先天因素差异致区域产业结构有别，要素向有优势区域流动并重新配置，故企业为发展会积极跨区域配置资本以获他地比较优势（Blonigen and Piger，2014）。社会信用体系改革可提高地区劳动生产率，创造劳动力市场比较优势，促进企业资源跨区域流动与配置。

事前，企业跨区域流动受地方保护主义限制（方军雄，2009；刘凤委等，2007；李元旭、宋渊洋，2011；李雪灵等，2012）。政府设质检等行为使企业设立异地子公司成本高（宋渊洋、黄礼伟，2014）。社会信用可有力冲击地方保护主义，促进资本跨区域流动。同时，企业会比较本地与目标劳动力市场，依优势异地配置资本（Blonigen and Piger，2014）。社会信用体系改革可以提高目标市场信息透明度、形成监督机制，提高劳动生产率，并推进地区形成劳动力市场比较优势，激发企业资本跨区配置意愿。事后，企业考量异地子公司回报，绩效低则不会选择。异地设子公司代理成本问题突出，信息不对称使企业获取信息渠道少（Kang and Kim，2008），易出现第一类委托代理问题（Gao et al.，2008），母子公司地理距离增也会增加代理成本（Gao et al.，2008；Garcia and Norli，2012）。社会信用体系共享平台有助于信息共享（Damaševičius et al.，2025），优化资本跨区域配置后果，促进资本向社会信用试点城市流动。因此，本研究提出第一个假设：

假设1：社会信用体系的改革会促进企业资本跨区域流动。

与非国企不同，国企管理有地方政府参与控制，管理层多由政府选拔任命，致社会信用对二者影响有别。研究发现政府以控制企业本地并购等手段给企业增加负担（Shleifer，1998），多元化并购效率低（方军雄，2008）。且市场分割越严重，国企异地子公司越少（曹春方等，2015）。基于政府“掠夺之手”观点，地方政府利用国企达到政治目标。非国企异地投资更自由，市场摩擦小。社会信用可改善地方保护主义等摩擦，帮助企业异地投资。因非国企异地投资限制小，故社会信用对国企资本跨区域流动影响更显著。因此，本研究提出第二个假设：

假设2：相比于非国有企业，社会信用对国有企业资本跨区域流动的促进作用更显著。

社会信用作为非正式制度，能规范企业信息不完整披露（Cao et al.，2016；刘宝华等，2016）、违规经营（黄卓等，2023；Dong et al.，2018）、不合理避税逃税（Kanagaretnam et al.，2018；张茵等，2017）等行为，在一定程度上可改善企业所在地区法治环境。但前提是当地正式制度不完善、法治环境差，才更依赖社会信用；当正式制度保障不足时，需非正式制度支持，社会信用在法律环境差地区对企业资本跨区流动作用更积极。故本研究认为，位于法治环境较差地区的公司，社会信用对其资本跨区流动的促进作用更明显。因此，本研究提出第三个假设：

假设3：相比于法治环境良好的企业，社会信用对企业资本跨区域流动的促进作用在法治环境较差的地方更显著。

社会信用对不同内部治理水平公司作用有别（Kong et al.，2021）。社会信用体系改革后，其奖惩机制对治理水平差的公司是高标准严要求，提升空间大（曹雨阳等，2022）。故而在社会信用引领下，公司治理水平向好发展（Garrett et al.，2014）。同时，社会信用对公司治理有一定的替代作用，治理差时管理层决策或不利资本跨区域配置，抑制可持续发展，社会信用可助其合理决策、改善现状，而治理好的公司上升空间较小。故推断，内部治理水平差的公司，社会信用对企业资本跨区域流动促进作用更显著。因此，本研究提出第四个假设：

假设4：相比于公司内部治理水平良好的企业，社会信用对企业资本跨区域流动的促进作用在公司内部治理水平较差的地方更显著。

三、研究设计

（一）样本选取与数据来源

2015年我国开启社会信用城市试点，为全面分析社会信用对企业资本跨区域流动影响，本研究选取2007—2022年中国A股非金融行业上市公司为样本，剔除ST和*ST以及数据无法获得的公司。因直辖市不参与社会信用体系创建，故也剔除其数据。本研究统计的是各公司每年在各城市建立的子公司数量，形成的是公司—年度—城市层面的三维数据，最终共获得8 071 260个样本数据。本研究的被解释变量及控制变量相关数据来源于国泰安数据库，解释变量数据来源于国家统计局。对连续变量在1%和99%的水平上进行了Winsorize缩尾处理，以避免异常值影响结论。

（二）变量界定与模型构建

1.被解释变量

本研究的被解释变量是企业资本跨区域流动，即企业异地投资。旨在扩展原材料采购市场、企业销售网络、用分散经营方式降低产品成本与经营风险，以扩大企业规模。

参考曹春方等（2019），本研究使用企业异地子公司数量来衡量企业资本跨区域流动的程度。先从CSMAR数据库下载上市公司子公司信息，依据其名称和注册地址来确认子公司城市，当相关数据缺失时通过百度、天眼查等进行搜索补充；再选择母公司持股50%及以上且与母公司注册地不同城市的子公司，剔除其他样本；再对子公司按城市进行加总，算出2007—2022年位于城市m的母公司i在城市n建立的子公司数量，设置变量异地子公司（Diffirm），形成三维数据“母公司—年份—城市—异地子公司数量”；最后，将t年母公司没有建立异地子公司的n城市所对应的子公司数量数据填补为0。此外，再将各年新增的异地子公司数量列入被解释变量以排除历史子公司对企业跨区域资本流动的影响，设置变量新增异地子公司数量（Newfirm）。

2.解释变量

本研究的解释变量是社会信用，地方社会信用源于社会信用体系，该体系于2014年由我国首部国家级社会信用体系建设专项规划提出，试点则是这项改革的具体内容。它以法律、标准和契约为依据，以健全信用基础设施网络为基础，以信用信息合规应用为支撑，以奖惩机制提升全社会信用水平。

参考曹雨阳等（2022），依社会信用体系改革试点时间设置了虚拟变量Trust。若城市m在t年被选为社会信用体系试点城市，则t年及t年之后年份取值为1，否则为0。

3.控制变量

参照已有文献（范子英、周小昶，2021；曹春方等，2019；张孝蔚等，2022；夏立军等，2011；Qiu et al.，2020）选取以下控制变量：母公司资产规模（Size）、母公司杠杆水平（Lev）、母公司年龄（Lnage）、母公司资产收益率（Roa）、子公司数量（Lnsub）、第一大股东持股比例（Share）、独立董事比例（Outrat）、母公司自由现金流（FCF）以及母公司固定资产比率（Fix）。同时本研究控制了以下三个固定效应，分别是母公司个体的固定效应（Company）、年份固定效应（Year）以及子公司城市固定效应（City）并将标准误聚类到母公司个体层面。具体变量定义参见表1。

表1 变量定义表

变量类型	变量符号	变量名称	变量说明
被解释变量	Diffirm	异地子公司数量	t年位于城市m的母公司i在城市n子公司数量
	Newfirm	新建异地子公司数量	t年位于城市m的母公司i在城市n新建子公司数量
解释变量	Trust	社会信用	城市在t年被选为社会信用体系改革试点城市，则t年及以后年份取值为1，否则为0

续表

变量类型	变量符号	变量名称	变量说明
控制变量	Size	母公司资产规模	母公司总资产取自然对数
	Lev	母公司杠杆水平	母公司负债总额/资产总额
	Lnage	母公司年龄	第t年的年份减去母公司上市年份加1取自然对数
	Roa	母公司资产收益率	母公司净利润/总资产
	Growth	母公司成长能力	母公司主营业务收入增长率
	Lnsub	子公司数量	母公司各年子公司数量加1取自然对数
	Share	第一大股东持股比例	母公司第一大股东持股数量/总股数
	Outrat	独立董事比例	母公司独立董事人数/董事会总人数
	FCF	母公司自由现金流	母公司经营活动净现金流量/资产总额
	Fix	母公司固定资产比率	母公司固定资产/资产总额
	Company	公司虚拟变量	控制母公司个体固定效应
	Year	年度虚拟变量	控制年度固定效应
	City	子公司城市虚拟变量	控制子公司城市固定效应

（三）模型构建

本研究构建了多时点DID模型（1）来研究社会信用对企业资本跨区域流动的影响，具体模型如下：

$$\begin{aligned} Diffirm_{i,m,n,t}/Newfirm_{i,m,n,t} = {} & \alpha_0 + \alpha_1 Trust_{n,t} + \alpha_2 Size_{i,t} + \alpha_3 Lev_{i,t} + \alpha_4 Lnage_{i,t} + \\ & \alpha_5 Roa_{i,t} + \alpha_6 Growth_{i,t} + \alpha_7 Lnsub_{i,t} + \alpha_8 Share_{i,t} + \\ & \alpha_9 Outrat_{i,t} + \alpha_{10} FCF_{i,t} + \alpha_{11} Fix_{i,t} + \alpha_{12} GDP_{2,i,t} + \\ & \alpha_{13} R\_GDP_{i,t} + \sum Company + \sum Year + \sum City + \varepsilon \end{aligned} \quad (1)$$

其中，Diffirm为母公司t年的异地子公司数量，Newfirm为母公司t年在异地新成立的子公司数量，本研究用这两个变量来衡量企业资本跨区域流动情况。Trust是哑变量，当城市在t年被列为社会信用体系试点城市，那么t年及t年之后的取值为1，否则取值为0。如果社会信用（Trust）和异地子公司数量（Diffirm）、新建异地子公司数量（Newfirm）的回归系数显著为正，则说明社会信用体系改革会促进企业资本跨区域流动，本研究的假设1将得以证明。

四、实证结果与分析

（一）描述性统计

本研究对样本涉及的主要变量如异地子公司数量、新增异地子公司数量、社会信用以及相关控制变量进行描述性统计及分析，结果见表2。

表2 相关变量描述性统计结果

变量	N	Mean	SD	Min	p25	p50	p75	Max
Diffirm	8 071 260	0.016	0.201	0.000	0.000	0.000	0.000	47.000
Newfirm	7 816 600	0.003	0.085	0.000	0.000	0.000	0.000	45.000
Trust	8 071 260	0.063	0.243	0.000	0.000	0.000	0.000	1.000
Size	8 071 260	21.821	1.151	19.070	21.042	21.741	22.486	25.094
Lev	8 071 260	0.366	0.216	0.004	0.195	0.349	0.512	0.958
Lnage	8 071 260	2.922	0.335	1.946	2.708	2.944	3.178	3.555
Roa	8 071 260	0.030	0.072	−0.320	0.005	0.028	0.060	0.252
Growth	8 071 260	0.177	0.933	−0.943	−0.107	0.056	0.229	7.544
Lnsub	8 071 260	2.421	1.079	0.000	1.792	2.485	3.136	5.011
Share	8 071 260	0.328	0.143	0.086	0.215	0.305	0.423	0.704
Outrat	8 071 260	0.386	0.064	0.333	0.333	0.364	0.429	0.600
FCF	8 071 260	0.028	0.075	−0.218	−0.008	0.024	0.068	0.257
Fix	8 071 260	0.119	0.131	0.000	0.018	0.075	0.176	0.587

由表2列示的结果可知，异地子公司数量的均值为0.016，新增异地子公司数量的均值为0.003。社会信用是哑变量，如果城市在某一年被列为社会信用体系试点城市，则该年及该年之后的Trust取值为1，否则取0。社会信用的均值为0.063，意味我国进行社会信用体系试点的城市较少，社会信用的普及有待加强。关于控制变量的描述性统计不在此进行赘述。

（二）多元回归分析

本研究以企业异地子公司数量和企业新建异地子公司数量作为被解释变量衡量

企业资本跨区域流动，以城市是否被列为社会信用体系试点城市作为解释变量，对企业规模、财务杠杆、企业资产回报率等变量以及公司个体、年度、子公司所在城市进行控制之后，进行了回归分析，结果见表3。

表3 社会信用对企业资本跨区域流动的回归结果

stats	(1) Diffirm	(2) Newfirm
Trust	0.012***	0.003***
	(6.045)	(4.526)
Size	0.003***	0.001**
	(3.290)	(2.577)
Lev	0.004**	-0.002**
	(2.299)	(-2.393)
Lnage	-0.002	-0.001
	(-0.284)	(-0.603)
Roa	0.003	0.001*
	(1.322)	(1.734)
Growth	0.000	0.000**
	(0.836)	(2.063)
Lnsub	0.010***	0.003***
	(18.240)	(14.589)
Share	-0.004	0.001
	(-0.851)	(0.818)
Outrat	-0.006*	-0.001
	(-1.886)	(-1.410)
FCF	0.003	-0.002*
	(1.145)	(-1.728)

续表

stats	(1) Diffirm	(2) Newfirm
Fix	-0.001	-0.002*
	(-0.283)	(-1.863)
Constant	-0.058**	-0.011
	(-2.515)	(-1.473)
Company	Yes	Yes
Year	Yes	Yes
City	Yes	Yes
N	8 071 260	7 816 600
Adj_R^2	0.032	0.009

注：* $p < 0.1$，** $p < 0.05$，*** $p < 0.01$；括号内为t值；标准误差经过了母公司层面的cluster处理。

表中第（1）列显示的是模型（1）的回归结果，是以企业异地子公司数量为被解释变量进行的回归。社会信用与企业异地子公司数量之间的系数为0.012，并且在1%的水平上显著正相关。这意味着被列为社会信用体系改革显著促进了企业资本跨区域流动，这支持了假设1。

综上，社会信用是一项重要的制度创新。本研究以其切入进行实证研究，结论表明社会信用会显著促进企业资本的跨区域流动，拓展了相关研究。同时，也有助于上市公司了解目前我国社会信用体系的建设情况，为公司是否进行、在何处进行资本的重新配置提供了一定的现实与实证依据。

（三）稳健性检验

为了保证研究结果的可靠性，增强本研究结论的说服力，本研究还从以下几个方面进行了稳健性检验。

1.平行趋势检验

处理组和控制组在社会信用试点政策前保持平行趋势是本研究回归模型的应用前提。因此，为了揭示社会信用试点对资本跨区域流动影响的时间趋势，本研究将社会信用试点的前1年2014年作为基期，进行动态效应检验。具体来说，本研究构建了如下检验模型：

$$Diffirm_{i,m,n,t}/Newfirm_{i,m,n,t} = \delta_0 + \delta_1 Pre_{4,i,t} + \delta_2 Pre_{3,i,t} + \delta_3 Pre_{2,i,t} + \delta_4 Current_{i,t} + \delta_5 Post_{1,i,t} + \delta_6 Post_{2,i,t} + \delta_7 Post_{3,i,t} + \delta_8 Post_{4,i,t} + \delta_9 Control_{i,t} + \sum Company + \sum Year + \sum City + \varepsilon \quad (2)$$

其中，Pre_4、Pre_3、Pre_2为城市进行社会信用体系试点的前4年及以前年度、前3年、前2年；$Post_1$、$Post_2$、$Post_3$、$Post_4$为城市进行社会信用体系试点后的第1年、第2年、第3年及以后年度；Control为控制变量，与前文一致；固定效应也与基准回归一致。

为了更直观观测处理组和控制组企业资本跨区域流动的变化趋势，本研究绘制了系数δ_1至δ_8及其95%的置信区间图，如图1和图2所示。从图中列示的结果可以看出，δ_1至δ_3系数并不显著异于0，这表明在社会信用体系进行城市试点前处理组和控制组企业跨区域资本流动的变化趋势并没有显著的差异；δ_4至δ_8系数均显著异于0，这表明在社会信用体系进行城市试点，处理组和控制组企业资本的跨区域流动情况有显著差异。在回归结果的基础上，平行趋势图可以充分揭示企业资本跨区域流动的时间趋势。整体而言，本研究满足平行趋势假设。

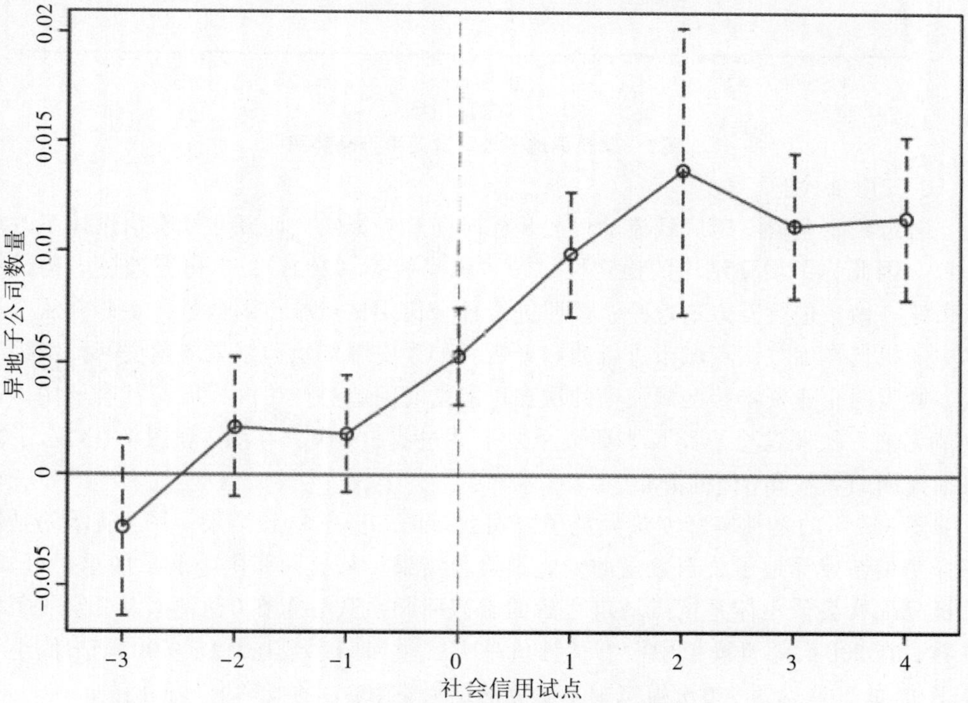

图1 异地子公司数量平行趋势图

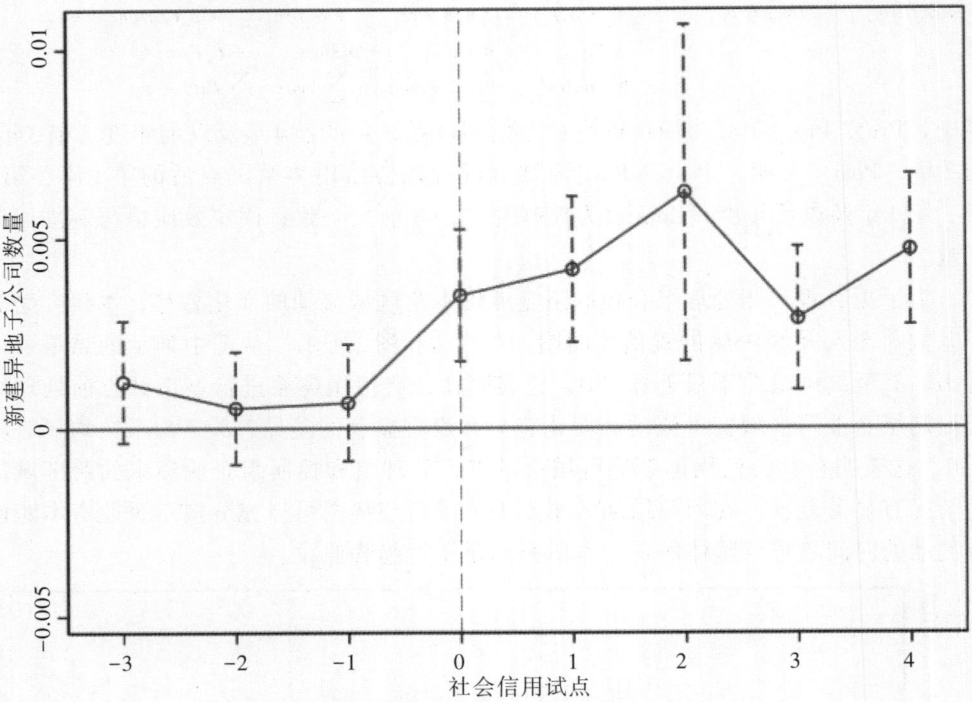

图2 新建异地子公司数量平行趋势图

2.安慰剂检验

考虑到企业资本跨区域流动可能是受时间趋势影响，而并非社会信用体系改革所致。因此为了增强结论的稳定性，参考陈克兢等（2021），本研究通过虚构试点城市这一做法进行安慰剂检验。按照进行社会信用试点城市的数量，本研究从全样本中随机选择虚拟试点城市进行回归分析。如果安慰剂检验结果与前文回归结果一致，则表明企业资本跨区域流动的增加可能是时间趋势产生的，而与社会信用体系改革无关。按照这个思路，本研究重复上述过程500次，在图3和图4中列示了随机抽样回归系数和p值的分布。

图3展示的是被解释变量异地子公司数量的安慰剂检验结果，图4展示的是被解释变量新建异地子公司数量的安慰剂检验结果。从这两张图中展示的结果可知，随机分配社会信用体系试点城市之后的虚假回归系数分布在0两侧，从p值的角度来看，在500次随机模拟中没有估计值是大于主回归系数0.012、0.003且p值小于等于0.1的，这说明500次模拟中本研究的结果在100%的概率上是正确的。

综上，安慰剂检验结果解释了企业资本跨区域流动的增加确实是由社会信用体系改革导致的。该检验进一步增强了本研究结论的可靠程度。

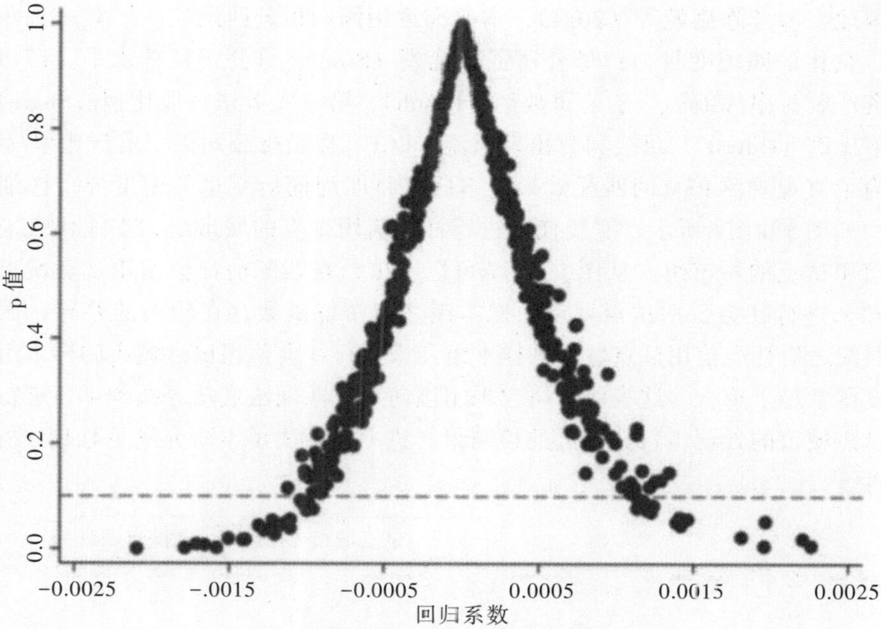

图3 异地子公司数量安慰剂检验

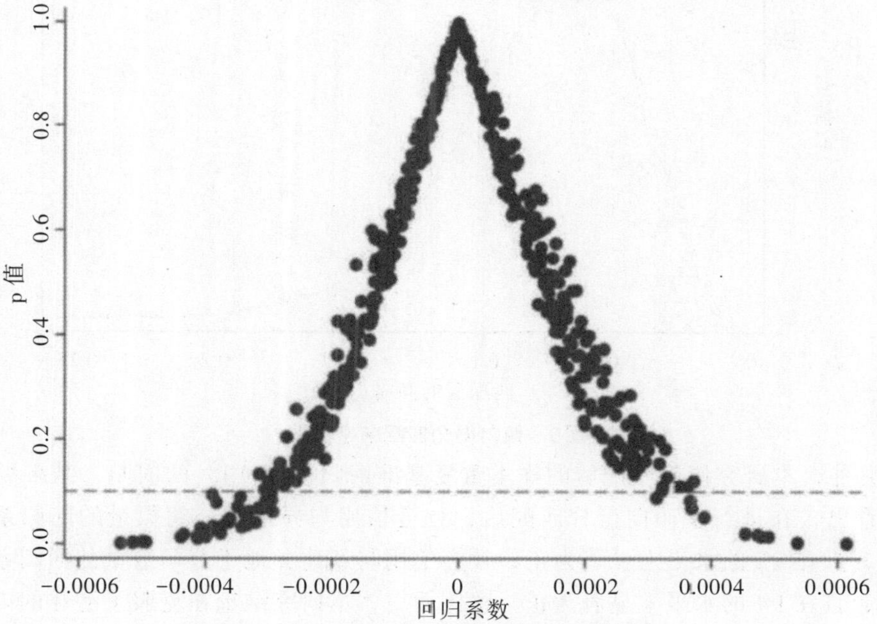

图4 新建异地子公司数量安慰剂检验

3.倾向得分匹配法

为缓解内生性问题，考虑到试点城市样本组和未进行试点城市样本组的特征可能并不相同，这会导致处理组和控制组的企业资本跨区域流动在试点之前就存在差异。因此，参考陈克兢等（2021），本研究运用倾向得分匹配法（一对一）匹配对照组，具体的匹配变量为：母公司资产规模（Size）、母公司杠杆水平（Lev）、母公司资产收益率（Roa）、子公司数量（Lnsub）、第一大股东持股比例（Share）、独立董事比例（Outrat）、母公司自由现金流（FCF）以及母公司固定资产比率（Fix）。

为了直观观测PSM的匹配效果，本研究将匹配前后变量的密度分布详细刻画出来。如图5和图6所示，实线代表进行社会信用试点的城市组，虚线代表未进行社会信用试点的城市组。从图5、图6可以看出，在匹配前社会信用试点城市的样本组和未进行社会信用试点城市的样本组之间密度函数存在较大的差异；而进行PSM匹配之后社会信用试点城市的样本组和未进行社会信用试点城市的样本组之间的密度函数趋于重合。这表明本研究采用倾向得分匹配法成功寻找到了与进行社会信用试点城市的处理组特征相近的控制组，进一步证实了本研究满足DID分析的前提条件。

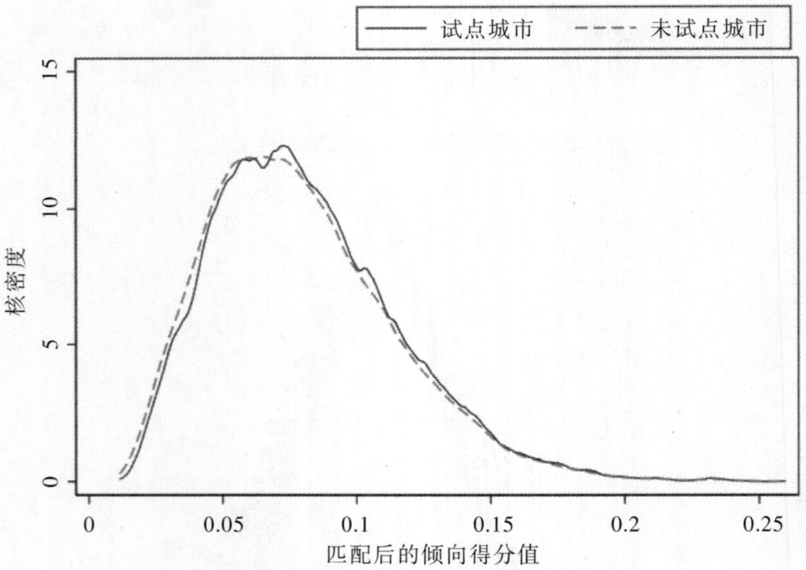

图5 倾向得分匹配前密度图

另外，本研究使用匹配后的样本重复基准回归模型（1）的回归，结果见表4。可以看出，在进行了倾向得分匹配后，社会信用与异地子公司数量的回归系数为0.018，且在5%的水平上显著为正；社会信用与新建异地子公司数量的回归系数为0.007，且在1%的水平上显著为正。整体而言，本研究结论在克服了潜在的内生性问题后依然保持不变。

4.熵平衡检验

为进一步缓解内生性对本研究结论的影响，消除处理组与控制组在各协变量上的差异，本研究参考Hainmueller（2012）的做法使用熵平衡法对样本进行匹配从而增强本研究结论的说服力。为了检验熵平衡的匹配结果，本研究匹配了10个不同的协变量，具体的匹配协变量为母公司资产规模（Size）、母公司杠杆水平（Lev）、母公司年龄（Lnage）、母公司资产收益率（Roa）、子公司数量（Lnsub）、第一大股东持股比例（Share）、独立董事比例（Outrat）、母公司自由现金流（FCF）以及母公司固定资产比率（Fix）。本研究使用了加权后的协变量进行回归，回归结果列示于表4。从表中显示的结果可以看出来，社会信用与异地子公司数量和新建异地子公司数量的回归系数分别为0.011和0.003，且在1%的水平上均显著为正。该检验进一步增强了本研究的说服力。

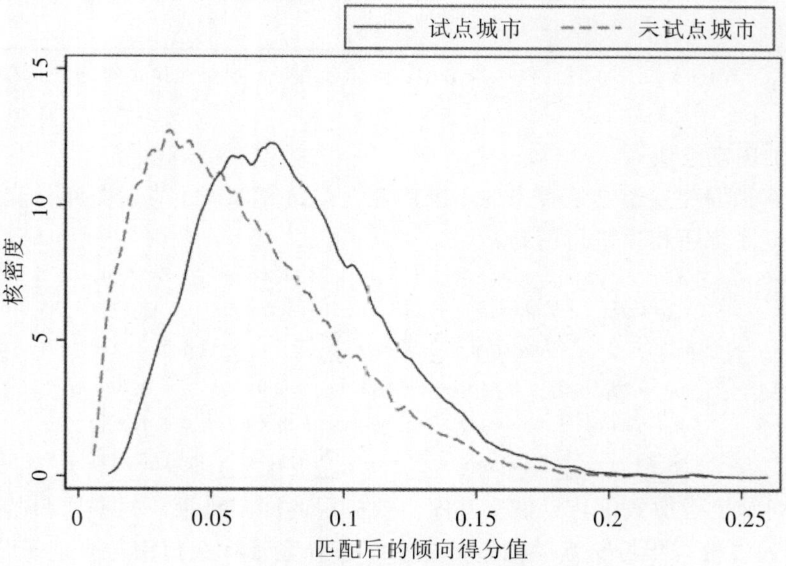

图6 倾向得分匹配后密度图

表4 **PSM和熵平衡回归结果**

stats	PSM		熵平衡	
	(1)	(2)	(3)	(4)
	Diffirm	Newfirm	Diffirm	Newfirm
Trust	0.018**	0.007***	0.011***	0.003***
	(1.972)	(3.087)	(5.851)	(4.331)
Constant	-0.176**	0.005	-0.115**	-0.027
	(-2.125)	(0.131)	(-2.488)	(-1.398)
Controls	Yes	Yes	Yes	Yes
Company	Yes	Yes	Yes	Yes

续表

stats	PSM		熵平衡	
	(1)	(2)	(3)	(4)
	Diffirm	Newfirm	Diffirm	Newfirm
Year	Yes	Yes	Yes	Yes
City	Yes	Yes	Yes	Yes
N	687 624	687 624	8 071 260	7 816 600
Adj_R^2	0.065	0.016	0.052	0.015

注：* $p < 0.1$，** $p < 0.05$，*** $p < 0.01$；括号内为t值；标准误差经过了母公司层面的cluster处理。

5.增加固定效应

为缓解遗漏变量给结论带来的不准确性，本研究加入了省份与年份交互的固定效应，建立了如下模型进行回归：

$$\begin{aligned} Diffirm_{i,m,n,t} = {} & \lambda_0 + \lambda_1 Trust_{n,t} + \lambda_2 Size_{i,t} + \lambda_3 Lev_{i,t} + \lambda_4 Lnage_{i,t} + \lambda_5 Roa_{i,t} + \\ & \lambda_6 Growth_{i,t} + \lambda_7 Lnsub_{i,t} + \lambda_8 Share_{i,t} + \lambda_9 Outrat_{i,t} + \lambda_{10} FCF_{i,t} + \\ & \lambda_{11} Fix_{i,t} + \sum Company + \sum Year + \sum City + \sum Province*Year + \varepsilon \end{aligned} \tag{3}$$

$$\begin{aligned} Newfirm_{i,m,n,t} = {} & \eta_0 + \eta_1 Trust_{n,t} + \eta_2 Size_{i,t} + \eta_3 Lev_{i,t} + \eta_4 Lnage_{i,t} + \eta_5 Roa_{i,t} + \\ & \eta_6 Growth_{i,t} + \eta_7 Lnsub_{i,t} + \eta_8 Share_{i,t} + \eta_9 Outrat_{i,t} + \eta_{10} FCF_{i,t} + \\ & \eta_{11} Fix_{i,t} + \sum Company + \sum Year + \sum City + \sum Province*Year + \varepsilon \end{aligned} \tag{4}$$

表5列示了增加省份与年份交互固定效应后的回归结果。根据回归结果可以看出，在加入省份与年份交互的固定效应后，解释变量社会信用与异地子公司数量、新建异地子公司数量的回归系数为0.011和0.003，依然在1%的水平上显著，进一步巩固了本研究的主要结论。

表5 固定效应和更换被解释变量的回归结果

stats	固定效应		更换被解释变量	
	(1)	(2)	(3)	(4)
	Diffirm	Newfirm	Diffsub	Newsub
Trust	0.011***	0.003***	0.006***	0.007***
	(5.842)	(4.561)	(2.910)	(3.024)
Constant	−0.058**	−0.011	0.064*	0.036**
	(−2.515)	(−1.475)	(1.934)	(2.411)
Controls	Yes	Yes	Yes	Yes

续表

stats	固定效应		更换被解释变量	
	(1)	(2)	(3)	(4)
	Diffirm	Newfirm	Diffsub	Newsub
Company	Yes	Yes	—	—
Year	Yes	Yes	Yes	Yes
City	Yes	Yes	Yes	Yes
Province*Year	Yes	Yes	—	—
N	8 071 260	7 816 600	7 565 340	5 394 780
Adj_R^2	0.032	0.009	0.007	0.007

注：* $p < 0.1$，** $p < 0.05$，*** $p < 0.01$；括号内为t值；标准误差经过了母公司层面的cluster处理。

6.更换被解释变量

在稳健性检验中，本研究重新界定资本跨区域流动的衡量方式，参考张孝蔚等（2022）的做法，使用t年公司所在地之外各城市子公司的数量除以该公司当年子公司总数（Diffsub）替代异地子公司数量，使用t年公司在自身所在地之外的城市新建子公司的数量除以该公司当年新建的子公司总数（Newsub）替代新建子公司数量按照原模型（1）进行回归。结果见表5，更换被解释变量后社会信用与两个被解释变量的回归系数为0.006和0.007，且均在1%的水平上显著，说明社会信用的确可以在促进企业资本跨区域流动这一方面发挥作用，本研究主要结论保持不变。

7.排除其他政策因素影响

（1）样本区间保留政策实施的前后3年

本研究选取的样本期间为2007—2022年。由于样本期间跨度较大，为了防止回归结果受这一样本跨度内其他政策因素影响，本研究使用政策前后三年的数据重复模型（1）进行回归，具体回归结果见表6。在将样本期间缩短为政策前后3年之后，社会信用与异地子公司数量、新建子公司数量的回归系数分别为0.010、0.005，仍在1%的水平上显著为正，与主回归的结果保持一致，表明本研究的研究结论是具有说服力。

（2）样本区间去除2021年、2022年

随着有关社会信用体系内容的不断拓展，更多与社会信用有关的政策也随之出台。为避免回归结果受近两年出台的有关政策影响，本研究在样本中剔除了2021年以及2022年的数据之后，再次按照模型（1）进行回归，结果见表6。可以看出，

在剔除了2021年以及2022年的数据之后，社会信用与被解释变量异地子公司数量、新建子公司数量的回归系数分别为0.014、0.005，并且结果依然在1%的水平上显著为正。这同样与前文主回归的分析结果保持一致，对本研究的研究结论提供了进一步的支持。

表6 排除其他政策因素影响的回归结果

stats	样本区间保留政策实施的前后3年		样本区间去除2021年、2022年	
	(1)	(2)	(3)	(4)
	Diffirm	Newfirm	Diffirm	Newfirm
Trust	0.010***	0.005***	0.014***	0.005***
	(6.259)	(6.342)	(6.630)	(6.175)
Constant	-0.042	0.002	-0.057**	-0.000
	(-1.458)	(0.239)	(-2.237)	(-0.017)
Controls	Yes	Yes	Yes	Yes
Company	Yes	Yes	Yes	Yes
Year	Yes	Yes	Yes	Yes
City	Yes	Yes	Yes	Yes
N	4 647 800	4 647 800	7 058 060	6 803 400
Adj_R^2	0.032	0.011	0.030	0.010

注：* $p < 0.1$，** $p < 0.05$，*** $p < 0.01$；括号内为t值；标准误差经过了母公司层面的cluster处理。

五、进一步分析

基于前文的研究结果，本研究还针对社会信用与资本跨区域流动之间的关系从机制检验和异质性分析展开了进一步的研究，目的在于深入挖掘社会信用对资本跨区域流动的影响。

（一）机制g检验

1.地方保护主义

当外地市场存在严重的进出壁垒时，企业进入市场非常难。现有文献已经提出，由于地方保护主义的出现，我国市场分割现象严重（Young．2000；银温泉和才婉茹，2001），不利于资源的优化配置（孙早等，2014）。本研究认为社会信用的出现有助于打破企业资本跨区域流动的屏障。

参考保健云（2008）、孙早等（2014）的做法，本研究设置了地方保护主义指数（LP）来衡量城市地方保护主义程度，如公式（3）所示。

$$LP_{n,t}=\frac{1}{X_{n,t}Y_{n,t}} \tag{5}$$

其中，$X_{n,t}=\left|\frac{GDP_{2,t}}{GDP_t}-\frac{GDP_{2,n,t}}{GDP_{n,t}}\right|$；$Y_{n,t}=\frac{GDP_{2,n,t}}{GDP_{n,t}}/\frac{GDP_{2,t}}{GDP_t}$。

GDP_t指t年的国内生产总值；$GDP_{2,t}$指t年第二产业的国内生产总值；$GDP_{n,t}$指第t年城市n的生产总值；$GDP_{2,n,t}$指第t年城市n第二产业的生产总值。$X_{n,t}$表示地区差异的结构趋同指数，数值越大意味着n地的地方政府地方保护主义的倾向较低。$Y_{n,t}$表示地区专业化程度的地方化指数，数值越大说明第二产业的地区集中程度较高，地方保护主义倾向越低。因此地方保护主义指数（LP）越大，地区的保护主义程度越高。

具体回归结果列示于表7。根据表中（1）列结果，可以看出社会信用与地方保护主义（LP）的回归系数为-2 062，且在1%的水平上显著为负。这表明社会信用体系的改革会降低地方保护主义程度，从而促进企业资本跨区域流动，即地方保护主义机制成立，验证了本研究的主要结论。

表7　　社会信用与地方保护、劳动生产率、资本跨区域配置

stats	(1)	(2)	(3)
	LP	Labor	Sub_Roa
Trust	-2.062^{***}	0.070^{***}	0.068^{**}
	(−36.743)	(6.899)	(2.278)
Constant	6.360^{***}	−0.011	−0.531
	(61.681)	(−0.055)	(−1.390)
Controls	Yes	Yes	Yes
Company	Yes	Yes	Yes
Year	Yes	Yes	Yes
City	Yes	Yes	Yes
N	6 554 111	6 387 960	105 990
Adj_R^2	0.051	0.116	0.796

注：* $p < 0.1$，** $p < 0.05$，*** $p < 0.01$；括号内为t值；标准误差经过了母公司层面的cluster处理。

2.劳动力市场比较优势

当一个地区的劳动力市场存在比较优势，那么基于比较优势理论，企业会更愿意到该地区进行资源的重组。本研究认为，社会信用的出现可以在一定程度上提高当地的劳动生产率，使当地市场形成一定的劳动力比较优势，吸引企业去往该地区进行异地投资。参考王雷和刘斌（2016）、张海峰等（2010）的做法，以劳动力生产率（Labor）来度量地区劳动力市场比较优势，以地区生产总值/地区就业人口来衡量该地区的劳动力生产率，地区劳动力生产率的相关数据来源于《中国城市统计年鉴》。

具体回归结果列示于表7。从表中结果可以看出，社会信用（Trust）与劳动力生产率的回归系数为0.070，且在1%的水平上显著为正。说明社会信用体系的试点实施能显著提高地区的劳动生产率，使得地区形成劳动力市场比较优势，继而推动企业资本流向劳动力市场比较优势高的地区。上述结果充分表明劳动力市场比较优势机制成立，从而进一步验证了本研究的假设1。

3.资本跨区域配置

基于事后角度，如成立后异地子公司的绩效无法弥补所产生的一系列成本，则企业不会选择继续在异地配置资源。本研究从这一事后的角度来检验社会信用是否可以优化公司资本跨区域配置的效果。参考曹春方等（2019），本研究以企业异地子公司绩效来测量资源配置后果，设置子公司资产收益率（Sub_Roa）来衡量企业异地子公司绩效。

具体回归结果列示于表7。从表中结果可以看出，社会信用与异地子公司绩效的回归系数为0.068，且在5%的水平上显著为正。说明社会信用体系的试点实施能提高企业异地子公司的绩效，推动企业资本的跨区域流动。上述结果充分表明资本跨区域配置后果机制成立。

（二）异质性分析

1.产权性质

从产权性质来看，由于国有企业与地方政府关联密切，投资行为受到政府干预的可能性更大。比较下，非国有企业的投资自由度更大。本研究推断，社会信用对受政府干预影响更大的国有企业在促进企业资本跨区域流动方面的作用更明显。

为验证上述推断，本研究参考黄卓等（2023），按国有企业和非国有企业将样本分为两组，重复模型（1）进行回归，结果见表8。表中（1）、（3）列为社会信用与国有企业异地子公司数量、新建异地子公司数量的回归结果，（2）、（4）列为社会信用与非国有企业异地子公司数量、新建异地子公司数量的回归结果。根据表中列示的结果可以看出，社会信用与国有企业异地子公司数量、新建异地子公司数量的回归系数为0.013、0.005，且在1%的水平上显著为正，而社会信用对非国有企业异地子公司数量、新建异地子公司数量的回归结果均不显著。说明社会信用体系改革对国有企业资本跨区域流动的影响更为显著，验证了本研究的假设2。

表8 基于产权性质的异质性分析

stats	(1)	(2)	(3)	(4)
	国有企业	非国有企业	国有企业	非国有企业
	Diffirm	Diffirm	Newfirm	Newfirm
Trust	0.013***	0.003	0.005***	0.001
	(5.269)	(1.404)	(5.879)	(1.459)
Constant	-0.074**	-0.045**	-0.015	-0.008
	(-2.311)	(-2.143)	(-1.362)	(-1.239)
Controls	Yes	Yes	Yes	Yes
Company	Yes	Yes	Yes	Yes
Year	Yes	Yes	Yes	Yes
City	Yes	Yes	Yes	Yes
N	4 672 960	3 398 300	4 568 240	3 248 360
Adj_R^2	0.036	0.026	0.012	0.006

注：* $p < 0.1$，** $p < 0.05$，*** $p < 0.01$；括号内为t值；标准误差经过了母公司层面的cluster处理。

2.法治环境

本研究认为，由于正式制度存在一定的薄弱性，作为非正式制度的社会信用在促进企业资本跨区域流动过程中可起到补充作用。基于本研究聚焦假设的分析，本部分借鉴刘惠龙和吴联生（2014）、王艳和李善民（2017）的做法，以《中国分省份市场化指数报告（2016）》中市场化指数细分项“市场中介组织的发育和法律制度环境”这一指标来衡量城市的法治环境，按其中位数将总样本分为法治环境较好与较差两组，重复模型（1）的回归，以检验在不同的正式制度环境中，社会信用对于企业资本跨区域流动所发挥的作用是否不同，回归结果见表9。

表中（1）、（3）列列示了在法治环境较差的地区社会信用对异地子公司数量、新建异地子公司数量的回归结果，（2）、（4）列列示的是在法治环境较好的地区社会信用对位于法治环境较好城市的异地子公司数量、新建异地子公司数量的回归结果。根据结果可以看出，在法治环境较差的城市，社会信用与异地子公司数量、新建异地子公司数量的回归系数为0.015、0.008，且在1%的水平上显著为正，而在法治环境较好的城市，社会信用对异地子公司数量、新建异地子公司数量的回归结果均不显著。说明社会信用与法律水平在企业资本跨区域流动的过程中形成一定的替代效应。在法治环境较差的地区，社会信用体系改革对资本跨区域流动的影响更为显著，进而验证了本研究的假设3。

表9 基于法治环境的异质性分析

stats	(1)	(2)	(3)	(4)
	法治环境较差	法治环境较好	法治环境较差	法治环境较好
	Diffirm	Diffirm	Newfirm	Newfirm
Trust	0.015^{***}	0.002	0.008^{***}	-0.000
	(5.937)	(0.672)	(7.346)	(-0.127)
Constant	-0.057	-0.037^{*}	0.002	-0.007
	(-1.242)	(-1.855)	(0.113)	(-1.103)
Controls	Yes	Yes	Yes	Yes
Company	Yes	Yes	Yes	Yes
Year	Yes	Yes	Yes	Yes
City	Yes	Yes	Yes	Yes
N	4 021 536	4 049 724	3 970 581	3 846 019
Adj_R^2	0.036	0.023	0.012	0.008

注：* $p < 0.1$，** $p < 0.05$，*** $p < 0.01$；括号内为t值；标准误差经过了母公司层面的cluster处理。

3.公司内部治理

基于前文分析，社会信用具有一定的公司治理效应（Kong et al.，2021）。因此本研究推断，社会信用在内部治理水平较差的公司会发挥更大的作用，从而更多地促进企业资本进行跨区域流动。参考曹雨阳（2022），本研究用公司独立董事人数来衡量公司内部治理水平，以公司独立董事人数的中位数为依据将总样本本划分为公司内部治理水平较好与较差两组，重复模型（1）的回归，结果见表10。

表10中的（1）、（3）列显示的是在内部治理水平较差的公司中，社会信用对异地子公司数量、新建异地子公司数量的回归结果，（2）、（4）列显示的是在内部治理水平较好的公司中，社会信用对异地子公司数量、新建异地子公司数量的回归结果。根据结果可以看出，在内部治理水平较差的公司中，社会信用与异地子公司数量、新建异地子公司数量的回归系数为0.012、0.005，且在1%的水平上显著为正。而在法治环境较好的城市，社会信用对异地子公司数量、新建异地子公司数量

表10 基于公司内部治理水平的异质性分析

stats	(1)	(2)	(3)	(4)
	公司内部治理水平较差	公司内部治理水平较好	公司内部治理水平较差	公司内部治理水平较好
	Diffirm	Diffirm	Newfirm	Newfirm
Trust	0.012***	0.002	0.005***	−0.001
	(5.314)	(1.235)	(5.815)	(−0.765)
Constant	−0.062***	−0.056**	−0.009	−0.006*
	(−2.094)	(−2.075)	(−0.946)	(−1.133)
Controls	Yes	Yes	Yes	Yes
Company	Yes	Yes	Yes	Yes
Year	Yes	Yes	Yes	Yes
City	Yes	Yes	Yes	Yes
N	4 038 705	4 032 555	3 885 955	3 954 105
Adj_R^2	0.034	0.025	0.011	0.006

注：* $p < 0.1$，** $p < 0.05$，*** $p < 0.01$；括号内为t值；标准误差经过了母公司层面的cluster处理。

的回归结果均不显著。这说明，社会信用存在一定的公司治理效应。当公司内部治理水平较差时，社会信用可以起到一定的公司治理作用，促进企业资本跨区域流动。假设4也因此得到验证。

六、研究结论

本研究通过构建多时点DID模型检验了社会信用体系改革与企业资本跨区域流动之间的关系，并对检验结果进行稳健性检验，在此基础上分析了社会信用影响企业资本跨区域流动的机制以及在不同企业中社会信用发挥的不同作用。最终得出以下研究结论：首先，社会信用体系的改革会促进企业资本的跨区域流动。具体而言，在城市进行社会信用体系试点后，企业在该地建立的异地子公司数量增加1.2%，在该地新建的异地子公司数量增加0.3%。此结论经检验后仍稳健。其次，社会信用在促进企业资本跨区域流动方面发挥的作用是通过事前降低地方保护主义程度、提高地区劳动力市场比较优势以及事后优化资源配置后果和三个渠道实现的。基于事前角度，社会信用能够降低城市的地方保护主义程度，使政府减少干预，继而促进企业资本跨区域流动；社会信用能够提高地区劳动生产率，创造地区劳动力市场比较优势从而提高企业异地配置资源的可能性；基于事后角度，社会信用能够提高企业异地子公司的经营绩效，优化资源异地配置的后果，从而促进企业资本的跨区域流动。最后，进一步分析表明，社会信用对企业资本跨区域流动的影响在不同企业间存在差异：当企业为国有企业、所处地区法治环境较差或者公司内部治理水平较差时，社会信用对企业资本跨区域流动的促进作用更加显著。

Social Credit and the Construction of the National Unified Large Market—A Quasi-Natural Experiment Grounded in the Construction of Demonstration Cities for the Social Credit System

Kejing Chen, *Keyan Xu*, *Yubo Zhang*, *Yu Wang*

Abstract This study investigates the influence of the reform of the social credit system on the construction of a national unified large market from the perspective of cross-regional capital flow by constructing a multi-time point difference-in-differences (DID) model. The findings indicate that the reform of the social credit system promotes the inter-regional flow of enterprise capital. This conclusion remains valid following robustness tests. Social credit facilitates the inter-regional flow of enterprise capital through three mechanisms: reducing the degree of local protectionism, enhancing the comparative advantage of the labor market, and optimizing the consequences of resource allocation. Further analysis reveals that the role of social credit is more significant when the enterprise is a state-owned enterprise, the regional legal environment is relatively poor, or the internal governance level is relatively poor. This paper enriches the research on the economic consequences of the social credit system and holds important policy implications for the construction of a large unified domestic market.

Key Words social credit; inter-regional capital flow; local protectionism; unified large market

参考文献

[1] 保建云. 区域发展差距、地方保护主义与市场一体化发展——基于区域非均衡发展转型大国的理论模型与实证分析 [J]. 财贸经济, 2008 (8): 106-112.

[2] 曹春方, 夏常源, 钱先航. 地区间信任与集团异地发展——基于企业边界理论的实证检验 [J]. 管理世界, 2019, 35 (1): 179-191.

[3] 曹春方, 周大伟, 吴澄澄. 信任环境、公司治理与民营上市公司投资-现金流敏感性 [J]. 世界经济, 2015, 38 (5): 124-147.

[4] 曹雨阳, 孔东民, 陶云清. 中国社会信用体系改革试点效果评估——基于企业社会责任的视角 [J]. 财经研究, 2022, 48 (2): 93-108.

[5] 陈克兢, 康艳玲, 闵霞, 等. 高铁开通与股价同步性: 信息效应还是治理效应? [J]. 管理科学学报, 2021, 24 (12): 1-17.

[6] 范子英, 周小昶. 财政激励、市场一体化与企业跨地区投资——基于所得税分享改革的研究 [J]. 中国工业经济, 2022 (2): 118-136.

[7] 方军雄. 政府干预、所有权性质与企业并购 [J]. 管理世界, 2008 (9): 118-123; 148; 188.

[8] 方军雄. 市场分割与资源配置效率的损害——来自企业并购的证据 [J]. 财经研究, 2009, 35 (9): 36-47.

[9] 黄卓, 陶云清, 王帅. 社会信用环境改善降低了企业违规吗? ——来自"中国社会信用体系建设"的证据 [J]. 金融研究, 2023 (5): 96-114.

[10] 李连华, 程言雷. 对子公司的控制模式及控制效率研究 [J]. 中国工业经济, 2010 (6): 105-115.

[11] 李明辉. 社会信任对审计师变更的影响——基于CGSS调查数据的研究 [J]. 审计研究, 2019 (1): 110-119.

[12] 李雪灵, 张惺, 刘钊, 等. 制度环境与寻租活动: 源于世界银行数据的实证研究 [J]. 中国工业经济, 2012 (11): 84-96.

[13] 李元旭, 宋渊洋. 地方政府通过所得税优惠保护本地企业吗——来自中国上市公司的经验证据 [J]. 中国工业经济, 2011 (5): 149-159.

[14] 刘宝华, 罗宏, 周微. 社会信任与股价崩盘风险 [J]. 财贸经济, 2016, 37 (9): 53-66.

[15] 刘凤委, 于旭辉, 李琳. 地方保护能提升公司绩效吗——来自上市公司的经验证据 [J]. 中国工业经济, 2007 (4): 21-28.

[16] 刘慧龙, 吴联生. 制度环境、所有权性质与企业实际税率 [J]. 管理世界, 2014 (4): 42-52.

[17] 宋渊洋, 黄礼伟. 为什么中国企业难以国内跨地区经营? [J]. 管理世界, 2014 (12): 115-133.

[18] 孙早, 刘李华, 孙亚政. 市场化程度、地方保护主义与R&D的溢出效应——来自中国工业的经验证据 [J]. 管理世界, 2014 (8): 78-89.

[19] 王雷，刘斌. 劳动力市场比较优势与跨区域资本配置［J]. 财经研究，2016，42（12）：61-71；95.

[20] 王艳，李善民. 社会信任是否会提升企业并购绩效？［J]. 管理世界，2017（12）：124-140.

[21] 夏立军，陆铭，余为政. 政企纽带与跨省投资——来自中国上市公司的经验证据［J]. 管理世界，2011（7）：128-140.

[22] 杨继彬，李善民，杨国超，等. 省际双边信任与资本跨区域流动——基于企业异地并购的视角［J]. 经济研究，2021，56（4）：41-59.

[23] 银温泉，才婉茹. 我国地方市场分割的成因和治理［J]. 经济研究，2001（6）：3-12；95.

[24] 周黎安.晋升博弈中政府官员的激励与合作——兼论我国地方保护主义和重复建设问题长期存在的原因［J]. 经济研究，2004（6）：33-40.

[25] 张海峰，姚先国. 张俊森.教育质量对地区劳动生产率的影响［J]. 经济研究，2010，45（7）：57-67.

[26] 张孝蔚，张婷婷，曹春方. 税收分成下的企业集团异地发展［J]. 财经研究，2022，48（6）：140-154.

[27] 张牧扬，潘妍，余泳泽.社会信用、刚兑信仰与地方政府隐性债务［J］.金融研究，2022（10）：1-19.

[28] 张维迎，柯荣住. 信任及其解释：来自中国的跨省调查分析［J]. 经济研究，2002（10）：59-70；96.

[29] 张茵，刘明辉，彭红星. 社会信任与公司避税［J]. 会计研究，2017（9）：48-54；97.

[30] BARRO R J，MCCLEARY R M. Religion and economic growth across countries ［J］. American Sociological Review，2003，68（5）：760-781.

[31] BLONIGEN B A，PIGER J. Determinants of foreign direct investment ［J］. The Canadian Journal of Economics/Revue Canadienne d'Economique，2014，47（3）：775-812.

[32] CAMPANTE F，YANAGIZAWA-DROTT D. Does religion affect economic growth and happiness? evidence from Ramadan ［J］. The Quarterly Journal of Economics，2015，130（2）：615-658.

[33] CAPIE F. Trust，financial regulation and growth ［J］. Australian Economic History Review，2016，56（1）：100-112.

[34] CAO C，XIA C，CHAN K C. Social trust and stock price crash risk：evidence from China ［J］. International Review of Economics & Finance，2016（46）：148-165.

[35] COASE R H. The nature of the firm ［J］. Economics，1937，4（16）：385-405.

[36] DEARMON J，GRIER K. Trust and development ［J］. Journal of Economic Behavior and Organization，2009，71（2）：210-220.

[37] DONG W，HAN H L，KE Y，et al. Social trust and corporate misconduct：evidence from China ［J］. Journal of Business Ethics，2018，151（2）：539-562.

[38] FRANCOIS P, ZABOJNIK J. Trust, social capital, and economic development [J]. Journal of the European Economic Association, 2005, 3 (1): 51-94.

[39] GARCIA D, NORLI Ø. Geographic dispersion and stock returns [J]. Journal of Financial Economics, 2012, 106 (3): 547-565.

[40] GARRETT J, HOITASH R, PRAWITT D F. Trust and financial reporting quality [J]. Journal of Accounting Research, 2014, 52 (5): 1087-1125.

[41] GAO W, NG L, WANG Q. Does geographic dispersion affect firm valuation? [J]. Journal of Corporate Finance, 2008, 14 (5): 674-687.

[42] GRANOVETTER M. Economic action and social stucture: the problem of embeddedness American [J]. Joural of Sociology, 1985, 91 (3): 481-510.

[43] HAINMUELLER J. Entropy balancing for causal effects: a multivariate reweighting method to produce balanced samples in observational studies [J]. Political Analysis, 2012, 20 (1): 24-46.

[44] KANAGARETNAM K, LEE J, LIM C Y, et al. Societal trust and corporate tax avoidance [J]. Review of Accounting Studies, 2018, 23 (4): 1588-1628.

[45] KONG D M, ZHAO Y, LIU S S. Trust and innovation: evidence from CEOs' early-life experience [J]. Journal of Corporate Finance, 2021, 69: 101984.

[46] LI X R, WANG S S, WANG X. Trust and stock price crash risk: evidence from China [J]. Journal of Banking & Finance, 2017 (76): 74-91.

[47] LINS KV, H SERVAES, A TAMAYO. Social capital, trust, and firm performance: the value of corporate social responsibility during the financial crisis [J]. The Journal of Finance, 2017, 72 (4): 1784-1824.

[48] DAMASEVIČIUS R, BACANIN N, NAYYAR A. Blockchain technology for a trustworthy social credit system: implementation and enforcement perspectives [J]. Cluster Computing , 2025 , 28 (3): 1386-7857.

[49] QIU B Y, YU J L, ZHANG K. Trust and stock price synchronicity: evidence from China [J]. Journal of Business Ethics, 2020, 167 (1): 1-13.

[50] SHLEIFER A. State versus private ownership [J]. The Journal of Economic Perspectives, 1998, 12 (4): 133-150.

[51] SPOLAORE E, WACZIARG R. How deep are the roots of economic development? [J]. Journal of Economic Literature, 2013, 51 (2): 325-369.

[52] SU K. Does religion benefit corporate social responsibility (CSR)? evidence from China [J]. Corporate Social Responsibility and Environmental Management, 2019, 26 (6): 1206-1221.

[53] ZENG M H, LI S, WANG Z H. Can digital finance development improve balanced regional investment allocations in developing countries? —The evidence from China [J]. Emerging Markets Review, 2023 (56).

[54] YOUNG A. The razor's edge: distortions and incremental reform in the People's Republic of China [J]. Quarterly Journal of Economics, 2000, 115 (4): 1091-1135.

第18辑，2025年
No. 18，2025
会计与控制评论
Review of Accounting and Control

“相得益彰”：数字普惠金融能提升企业透明度吗？①

孙政汉[1]　董小红[2]

（1.安徽省烟草公司合肥市公司　合肥　230031）
（2.安徽财经大学　蚌埠　233030）

摘　要　中国数字金融正处于高速发展阶段，对企业发展的各方面都产生重要影响。本文利用中国A股市场2011—2020年的数据和北京大学数字金融指数，探究数字金融与企业透明度之间的关系。结果表明，数字金融具有提升效应，能够提高企业透明度，并且这种效应具有长期性。机制研究表明，数字金融通过赋能企业数字化转型与抑制盈余管理两种方式改善企业透明度。进一步分析显示，数字金融的覆盖广度和应用深度均能提高企业透明度。异质性分析证明，数字金融的提升效应受到企业性质、经济政策不确定性和市场化水平的影响。本文的研究为我国促进与规范数字金融发展和改善企业透明度提供了理论依据与经验证据。

关键词　数字金融　企业透明度　数字化转型　真实盈余管理

①　作者简介：孙政汉（1999—），男，硕士研究生，安徽省烟草公司合肥市公司，主要研究方向为资本市场会计与公司治理，Email：szh997461@163.com，Tel：15305511863。董小红（1981—），女，安徽财经大学副院长、副教授，主要研究方向为资本市场财务与会计，Email：dongxh45@126.com，Tel：13966243966。

一、引　言

党的二十大报告指出：高质量发展是全面建设社会主义现代化国家的首要任务。实现高质量发展的前提是同外部进行高效的信息互换，而高效信息互换的基础是企业透明度。企业透明度是指外部信息使用者能够有效获得一个公开交易上市公司特定信息的程度。Wu 等（2019）利用A股上市公司数据的研究发现，较高的企业透明度能够在企业创新与可持续发展间发挥调节作用，提高企业的可持续发展能力。此外，学者们对企业透明度的研究发现，企业透明度的改善能够有效提高经营绩效（林有志、张雅芬，2013）和创新绩效（王可第，2021）。可见，企业透明度对实现经济的高质量发展具有重要作用。此外，数字经济的蓬勃发展带来的资本市场的快速变化，对企业透明度提出了新的要求。因此，在数字金融的浪潮下，研究其对企业透明度的影响是有必要的。

根据中国人民银行对数字金融的定义，数字金融是指由传统金融机构和网络企业运用各种数字化信息技术，进行融资、消费、投资等的新兴金融服务模式。相比传统金融，数字金融更具包容性、普惠性和精准性，弥补了传统金融的不足，从而有力地保障了实体经济的资金需求，为宏观经济高质量发展提供新的助力。“十三五”期间，数字金融已在对金融业的重塑与再造中充分印证了自身价值。2022年中共中央全面深化改革委员会第二十四次会议审议通过了《推进普惠金融高质量发展的实施意见》，会议同时强调：“要深化金融供给侧结构性改革，把更多金融资源配置到重点领域和薄弱环节，拓宽直接融资渠道，有序推进数字普惠金融发展，要完善普惠金融政策制定和执行机制，健全普惠金融基础设施、制度规则、基层治理，加快完善风险分担补偿等机制，促进形成成本可负担、商业可持续的长效机制。”数字金融已然成为国家经济发展的重要助推器。

数字金融在促进宏观经济良性循环的同时也切实推动了微观主体的健康发展。一方面，企业的发展离不开资金的支持，数字金融具有激励效应，能够为企业提供充足资金，缓解融资约束压力，抑制盈余管理行为（陈梦银、张乔，2023），促进企业发展（张林等，2023）。另一方面，数字金融也具有信息效应，能够缓解企业信息不对称（张嘉伟等，2022；Ji et al.，2022）。综上，数字金融对经济的高质量发展也具有至关重要的作用。那么数字金融是否与企业透明度“相得益彰”，从而提高企业透明度呢？为了回答这一问题，本文以2011—2020年中国沪深A股上市公司为研究样本，探究数字金融与企业透明度之间的关系。研究发现，数字金融具有提升效应，能够提高企业透明度，并且这种提升效应具有长期性。降维分析表明，数字金融的覆盖广度和使用深度均能发挥提升效应。机制研究表明，数字金融通过促进企业数字化转型和抑制真实盈余管理来发挥其对企业透明度的提升效应。异质性检验则证实了数字金融的提升效应受到企业性质、经济政策不确定性和市场化水平的影响。具体来说，在非国有企业，经济政策不确定性较高或市场化水平较高的地区，数字金融更能发挥其对企业透明度的提升效应。

本文具有以下研究贡献：首先，丰富了数字金融的研究内容。利用我国的数据探究数字金融与企业透明度之间的关系并基于数字化转型和真实盈余管理进行了机制分析，从而丰富了现有数字金融的经济后果研究，能够为今后的研究提供一定的借鉴。其次，延伸了企业透明度的研究脉络。本文结合中国数字金融高速发展的大背景，研究其对企业透明度的影响，为企业透明度研究提供了多样化的视角。最后，为相关管理部门进一步发展和优化数字金融提供经验证据。本文的研究证明，数字金融能够促进企业透明度的提升，为探索经济的高质量发展提供了的助力。

二、文献回顾与假设提出

数字技术的深入运用，推动了全球数字金融的高速发展。在这种浪潮下，学者们也对数字金融展开了广泛的研究。首先，数字金融对宏观经济发展起到有益影响。基于中国的数据的研究表明，数字金融是经济发展的推动剂，能够推动经济增长（吴茜、姚乐野，2023），促进居民就业（Geng et al.，2021），助力收入平等（吕勇斌、郭懿晨，2023），提高居民消费（张勋等，2020）。Liu 等（2022）的研究表明，数字金融能够为包容式增长提供资金，提高经济可持续发展能力。此外，数字金融也能赋能行业转型升级，降低碳排放（郑万腾等，2022），助力产业结构调整（毛成刚等，2022）和数字化转型（王宏鸣等，2022）。其次，数字金融为企业的发展提供了助力。数字金融为企业开拓了新的融资渠道，相比传统金融，其具有普惠、便捷和高效等特点，能够有效缓解融资约束，减少企业盈余管理行为。蒋建勋等（2022）的研究发现，数字金融能够推动企业绿色创新水平的提高。

企业的发展离不开与外界的沟通，企业透明度深刻地影响了信息交流的效率和效果。高透明度能够降低企业的信息不对称，提高企业与其他市场参与者沟通的效率（Brown et al.，2019）。因此，如何提高企业透明度就受到学者们的广泛关注。一方面，外部因素会对企业透明度产生影响。Bae 等（2006）的研究发现，资本市场的开发程度会促使企业减少盈余操纵，提高分析师关注度，增加当地企业透明度。另一方面，企业内部因素也会对透明度产生影响。Xue 等（2020）的研究表明，机构投资者会对企业透明度产生影响，机构投资者分散注意力会使企业监督强度降低，进而导致透明度下降。James等（2021）研究了独立董事任期对企业透明度的影响，结果表明，拥有较长任期的独立董事能够更好地发挥监督作用，提高企业透明度。其他表明，税收激进度（Balakrishnan et al.，2019）、盈余管理行为（Han et al.，2022）等都会对透明度产生影响。

在影响企业透明度的诸多因素中，数字金融水平并未受到足够的重视。在数字金融高速发展的当下，信息披露质量受到越来越多的重视，作为高质量信息披露的前提，有必要研究数字金融对企业透明度的影响。

数字金融能够拓宽企业的资金来源、加速企业数字化转型和减少盈余管理行为。因此，本文将从这两个角度探究数字金融对企业透明度的影响。一方面，数字金融基于“云计算”和“大数据”技术的运用，以较低的成本帮助企业处理海量信息，缓解了信息不对称问题，降低了数字化转型过程中的信息处理成本（Gomber et al.，2018），提高了企业数字化水平（王宏鸣等，2022）。数字化转型则拓宽了企业与外界沟通的渠道，提高了沟通的效率和效果，加强企业内部监督机制的作用，帮助企业提高透明度。另一方面，当前经济环境不稳定，企业面临激烈的市场竞争环境，可能产生较强的盈余压力。在这种压力下，企业管理层为达到预期目标，很可能选择不合理的会计政策进行盈余管理活动以操纵利润，从而增加企业与外部的信息不对称性，阻碍信息的传递，进而降低企业透明度。数字金融的运用，帮助企业拓宽了融资渠道，缓解企业融资压力的同时降低盈余管理行为，进而有可能提高企业透明度。

综上所述，为了探究数字金融对企业透明度的影响，本文提出如下假设：

H1：数字金融对企业透明度具有提升效应，数字金融发展越好，企业透明度越高。

三、研究设计

（一）样本选取与数据来源

考虑到数据的可获得性和更新频率，以2011—2020年中国A股上市公司为研究样本，被解释变量为企业透明度，解释变量为数字金融指数。本文同时对数据进行了如下处理：（1）剔除金融行业企业；（2）剔除样本中ST与*ST的企业；（3）剔除所有者权益为零或负以及相关变量缺失的样本，最终得到14 138个观测值。数字金融数据来自北京大学数字金融研究中心发布的《数字普惠金融指数》，其余数据均来自CSMRA、WIND数据库。为避免异常值的影响，本文对所有主要变量进行了上下1%的Winsorize处理。

（二）变量定义

1.被解释变量

企业透明度（TRAN）。根据Bushman等（2004）的定义，透明度是指外部信息使用者能够有效获得一个公开交易上市公司特定信息（如年报、各种信息披露公告、分析师报告、企业自愿披露的信息）的程度。因此，参考辛清泉等（2014）的研究，选取以下五种指标：（1）Dechow和Dichev盈余质量指标（DD）；（2）中国沪深交易所企业透明度评级；（3）分析师关注度（ANALYST）；（4）分析师盈余预测准确性（ACCURACY）；（5）是否聘请四大会计师事务所（BIG4），计算以上指标的样本百分等级的平均值，记为TRAN，如果上市公司其中某个或多个透明度变量缺失，则等于剩余变量百分等级的均值。TRAN越大，企业透明度越高。

2.解释变量

数字金融指数（DIF）。利用北京大学互联网研究中心编制的《数字普惠金融指数》，该指数以蚂蚁金服提供的数据为基础，衡量了中国31个省份（未核算中国的港澳台地区）、337个地级以上城市的数字金融发展程度。参考唐松等（2020）做法以省一级层面口径的数字金融发展指数作为数字金融的代理变量，同时为了消除量纲影响，本文对数字金融发展指数做取对数处理。此外，以市一级层面口径的数字金融发展指数作为替代解释变量对假设进行稳健性检验（肖红军、阳镇，2022）。

3.控制变量

参考已有研究（聂兴凯等，2022），主要选取以下7种变量：企业规模（SIZE）、杠杆率（LEV）、总资产净利率（ROA）、企业成立年限（AGE）、企业增长率（GROWTH）、两职合一（DUAL）、产权性质（SOE）。此外，将年份变量（YEAR）和行业变量（IND）作为哑变量参与回归，以消除年份与行业的影响。相关变量的具体定义见表1。

表1 变量定义

变量名称	变量符号	变量定义及计算说明
企业透明度	TRAN	盈余质量指标、沪深透明度评级、分析师关注度、分析师盈余预测准确性、是否四大，计算以上指标的样本百分等级的平均值
数字金融	DIF	北京大学数字金融指数
杠杆率	LEV	年末总负债除以年末总资产
总资产净利率	ROA	净利润/总资产平均余额
企业成立年限	AGE	ln（当年年份-成立年份+1）

续表

变量名称	变量符号	变量定义及计算说明
企业增长率	GROWTH	本年营业收入/上一年营业收入-1
两职合一	DUAL	董事长与总经理是同一个人为1，否则为0
产权性质	SOE	国有控股企业取值为1，其他为0
年份	YEAR	表示年份
行业	IND	表示行业

（三）模型设定

为了检验数字金融是否能够提升企业透明度，本文构建如下模型（1）：

$$TRAN_{i,t} = \beta_0 + \beta_1 DIF_t + \beta_2 CONTROL + \sum YEAR + \sum IND + \varepsilon_{i,t} \tag{1}$$

模型1中的$TRAN_{i,t}$表示企业i第t期的透明度；DIF表示数字金融指数；CONTROL表示控制变量；YEAR和IND分别表示年份和行业，下标i和t分别表示企业和时间。若模型1中DIF_t的系数β_1显著为正，则可验证假说H1，表明地区数字金融的发展有利于提高企业透明度。为了提高文中结论的稳健性，下文的回归中将使用稳健标准误，以使结果更加客观准确。

四、回归结果

（一）描述性统计

表2报告了描述性统计的结果。从表中可以看到企业透明度（TRAN）均值和中位数分别为0.3660和0.3600，最小值为0.0050，最大值为0.8650，我国上市企业间透明度差异较大。改善信息质量，提高企业透明度任重道远。数字金融指数（DIF）的均值为5.4280，中位数为5.5870，最小值和最大值分别为3.4870和6.0680，我国不同地区的数字金融发展程度并不相同，数字金融仍然处于发展阶段。其余控制变量的描述性统计结果与已有研究基本一致，不再赘述。

表2 描述性统计

变量	样本量	均值	中位数	标准差	最小值	最大值
TRAN	14 138	0.3660	0.3600	0.1820	0.0050	0.8650
DIF	14 138	5.4280	5.5870	0.5470	3.4870	6.0680

续表

变量	样本量	均值	中位数	标准差	最小值	最大值
SIZE	14 138	22.5500	22.3800	1.2830	19.9500	26.2100
LEV	14 138	0.4670	0.4680	0.2010	0.0694	0.8900
ROA	14 138	0.0347	0.0317	0.0601	−0.2300	0.2130
AGE	14 138	2.9500	2.9960	0.2740	2.0790	3.5260
GROWTH	14 138	0.1240	0.0775	0.3470	−0.5430	2.0620
DUAL	14 138	0.2110	0.0000	0.4080	0.0000	1.0000
SOE	14 138	0.3400	0.3180	0.1480	0.0832	0.7580

（二）相关性分析

本文首先对相关变量进行了Spearman相关性分析，结果见下表3。由表中数据可以看出，数字金融（DIF）与企业透明度（TRAN）在5%的水平上显著正相关，相关系数为0.020。说明地区数字金融发展与企业透明度之间存在正相关关系，数字金融发展水平可能具有提升效应，帮助企业改善透明度。其余变量的检验与以往研究并无较大区别。

表3 相关性检验

	TRAN	DIF	SIZE	LEV	ROA	AGE	GROWTH	DUAL	SOE
TRAN	1.000	0.020**	0.423***	0.001	0.463***	−0.050***	0.251***	−0.028***	0.089***
DIF		1.000	0.124***	−0.145***	0.036***	0.355***	−0.045***	0.103***	−0.194***
SIZE			1.000	0.481***	0.025***	0.118***	0.087***	−0.111***	0.248***
LEV				1.000	−0.385***	0.064***	0.018**	−0.085***	0.244***
ROA					1.000	−0.045***	0.335***	0.026***	−0.128***
AGE						1.000	−0.089***	−0.048***	0.093***
GROWTH							1.000	0.026***	−0.069***
DUAL								1.000	−0.272***
SOE									1.000

（三）回归结果分析

本文采用OLS对模型（1）进行回归，结果见表4。为了检验数字金融对企业透明度的直接影响，表4中（1）列仅控制了年份与行业，数字金融与企业透明度的系数为0.0876，且在1%的水平上显著正相关，表明数字金融确实提高了企业透明度，前文假设得到验证。表4列（2）为控制所有选定控制变量的回归结果，数字金融与企业透明度的系数为0.0503，且在1%的水平上显著正相关，地区数字金融发展水平对企业透明度具有提升效应，地区数字金融发展越好，企业透明度越高。在增加控制变量后ADJ_R^2由0.029增至0.419，模型拟合程度得到显著改善。此外，本文还对相关变量进行了多重共线性检验，结果见表5。由表5结果可见，各变量的VIF均低于临界值，不存在多重共线问题。

表4　基础回归结果

	(1)	(2)
	TRAN	TRAN
DIF	0.0876***	0.0503***
	(8.66)	(6.19)
SIZE		0.0741***
		(59.24)
LEV		−0.1003***
		(−12.43)
ROA		1.0872***
		(47.34)
AGE		−0.0308***
		(−6.26)
GROWTH		0.0064*
		(1.71)
DUAL		0.0064**
		(2.22)
SOE		0.0115***
		(4.29)
Cons	−0.0291	−1.4040***
	(−0.72)	(−32.41)
YEAR/IND	Yes	Yes
N	14 138	14 138
ADJ_R^2	0.029	0.419

注：* p<0.1，** p<0.05，*** p<0.01；本文下表均同。

表5　多重共线性分析

	TRAN	DIF	SIZE	LEV	ROA	AGE	GROWTH	DUAL	SOE
VIF	1.67	1.31	1.98	1.74	1.56	1.16	1.10	1.09	1.24

（四）稳健性检验与内生性处理

1.替换被解释变量

正如上文所述，企业透明度是指外部信息使用者能够获得企业信息的程度，在诸多信息中会计信息扮演着重要的角色。因此，为了提高本文结论的稳健性，利用收益激进度（EA）和收益平滑度（ES）加权，重新计算企业透明度并标记为TRAN2，具体计算公式如下：

$$ACC_{i,t} = \Delta CA_{i,t} - \Delta CL_{i,t} - \Delta CASH_{i,t} + \Delta STD_{i,t} - DEP_{i,t} + \Delta TP_{i,t} \tag{2}$$

$$EA_{i,t} = ACC_{i,t}/TA_{i,t} \tag{3}$$

$$ES_{i,t} = |Collel(\Delta ACC_{i,t},\ \Delta CF_{i,t})| \tag{4}$$

$$TRAN2_{i,t} = \left[Deciles\left(EA_{i,t}\right) + Deciles\left(ES_{i,t}\right)\right]/2 \tag{5}$$

其中，$ACC_{i,t}$为t年的应计项目，$\Delta CA_{i,t}$为t年流动资产增加额，$\Delta CL_{i,t}$为t年流动负债增加额，$\Delta CASH_{i,t}$为t年货币资金增加额，$\Delta STD_{i,t}$为t年一年内到期长期负债增加额，$DEP_{i,t}$为t年折旧和摊销费用，$\Delta TP_{i,t}$为t年应交所得税增加额，$TA_{i,t}$为t年期初总资产。EA值越大说明公司具有更强的盈余激进动机，企业透明度更低。Collel为相关系数，$\Delta ACC_{i,t}$为t年应计项目增加额/期初总资产，$\Delta CF_{i,t}$为t年经营性现金流量增加额/期初总资产。本文以（t-2，t）期间内ΔACC与ΔCF相关系数的绝对值作为收益平滑度的替代变量。

在公式（5）中，$TRAN2_{i,t}$表示上市企业i第t期的透明度；Deciles表示计算括号内指标的十分位数后再进行分组排名，数值越大表示收益越不透明。因此，TRAN2指数越高，企业越不透明。

TRAN2的回归结果见表6列（1）。替换被解释变量后，数字金融（DIF）与企业透明度（TRAN2）在1%的水平上显著负相关。与TRAN不同，TRAN2指数越高，企业透明度越低。因此，列（1）结果表明，地区数字金融发展越好，企业透明度越高。证明本文结论具有稳健性。

表6　稳健性和内生性检验

	（1）	（2）	（3）	（4）	（5）	（6）
	TRAN2	TRAN	TRAN	TRAN	TRAN_ind	TRAN
DIF	−0.5103***			0.0533***	0.0509***	0.0651***
	（−3.01）			（7.38）	（6.31）	（6.55）

续表

	(1)	(2)	(3)	(4)	(5)	(6)
	TRAN2	TRAN	TRAN	TRAN	TRAN_ind	TRAN
DIF_city		0.0006***				
		(9.52)				
L.DIF			0.0048***			
			(5.89)			
FOLLOW				0.0821***		
				(71.85)		
JF				0.0743***		
				(14.60)		
INST				0.0541***		
				(8.87)		
MSHARE				−0.0205**		
				(−2.39)		
SIZE	0.1453***	0.0740***	0.0740***	0.0255***	0.0739***	0.0740***
	(5.84)	(59.41)	(58.95)	(19.98)	(59.34)	(62.49)
LEV	0.104	−0.1017***	−0.1036***	−0.0604***	−0.1004***	−0.0990***
	(0.62)	(−12.67)	(−12.92)	(−8.87)	(−12.46)	(−12.29)
ROA	4.0628***	1.0874***	1.0838***	0.4639***	1.0569***	1.0865***
	(8.97)	(47.44)	(47.16)	(22.91)	(46.15)	(47.91)
AGE	3.1645***	−0.0288***	−0.0308***	0.0076*	−0.0297***	−0.0307***
	(35.10)	(−5.86)	(−6.26)	(1.77)	(−6.05)	(−6.32)
GROWTH	−0.112	0.0061	0.0066*	0.0011	0.0022	0.0066*
	(−1.41)	(1.62)	(1.77)	(0.36)	(0.59)	(1.85)
DUAL	−0.2173***	0.0056*	0.0074**	−0.0016	0.0068**	0.0061**
	(−3.64)	(1.93)	(2.57)	(−0.64)	(2.37)	(2.05)

续表

	(1)	(2)	(3)	(4)	(5)	(6)
	TRAN2	TRAN	TRAN	TRAN	TRAN_ind	TRAN
SOE	0.9363***	0.0122***	0.0099***	0.0267***	0.0110***	0.0119***
	(16.49)	(4.54)	(3.70)	(11.00)	(4.08)	(4.45)
Cons	-2.5052***	-1.2474***	-1.2067***	-0.6397***	-1.7084***	-1.4589***
	(-2.85)	(-40.70)	(-39.50)	(-16.09)	(-39.87)	(-30.88)
YEAR/IND	Yes	Yes	Yes	Yes	Yes	Yes
N	14 138	14 138	14 138	13 366	14 138	14 138
ADJ_R^2	0.205	0.421	0.419	0.604	0.397	0.419

注：* p<0.1，** p<0.05，*** p<0.01。

2.替换解释变量

利用北京大学《数字普惠金融指数》中的地市一级口径的数字金融数据（DIF_city）作为替代自变量对模型（1）进行回归，结果见表6列（2）。由表中结果可知，数字金融（DIF_city）与企业透明度（TRAN）的系数为0.0006，且在1%的水平上显著，证明数字金融确实有助于提高企业透明度，上文得出研究结论是稳健的。

3.解释变量滞后一期

本文为了缓解互为因果和样本偏差带来的内生性问题，对数字金融（DIF）做滞后一期处理，记为L.DIF。回归结果见表6列（3）。表中结果表明，利用数字金融滞后一期（L.DIF）进行回归后，系数为0.0048且在1%的水平上显著，再次验证上文研究结论具有稳健性。

4.增加控制变量

为了降低遗漏变量对本文结论的影响，本文参考已有文献（Eaton et al.，2014；Qian et al.，2015），增加分析师关注度、媒体监督、机构投资者持股比例和管理层持股比例这四个控制变量。

其中，分析师关注度（FOLLOW）使用一年内有多少分析师团队对一家公司进行跟踪分析作为衡量指标。同时，为消除量纲的影响，对该指标做加1取自然对数的处理。媒体监督采用Janis-Fadner（JF）系数来衡量媒体，JF系数的取值为(-1，1)，其值越接近1，企业受到的媒体监督越低；其值越接近-1，企业受到的媒体监督越高。机构投资者持股比例（INST）使用机构投资者持股总数除以企业流通总股本。管理层持股比例（MSHARE）计算方法为管理层持股数除以总股本。

增加控制变量后，使用模型1进行回归，结果见表6列（4）。回归结果表明，在增加控制变量后，数字金融（DIF）对企业透明度（TRAN）仍然在1%的水平上显著为正，数字金融对企业透明度确实具有提升效应。

5.行业均值调整

不同行业上市企业的透明度并不相同，文中结论可能会受到行业影响。因此，为了提高前文结论的稳健性，本文对企业透明度进行了行业均值调整，记为TRAN_ind，并基于模型（1）进行回归，结果见表6列（5）。回归结果表明，在排除行业干扰后，数字金融（DIF）对企业透明度（TRAN_ind）的回归系数在1%的水平上显著为正，证明前文结论具有稳健性。

6.工具变量

为了降低内生性，提高本文结论的稳健性。本文参考解维敏等（2021）和张勋等（2019）的研究，使用（1）各省互联网普及率（Internet）；（2）各城市到杭州的球面距离与除本市外数字金融指数均值的交互项，作为工具变量对内生性问题进行处理。回归结果见表6列（6）。由表中结果可知，在使用工具变量缓解内生性问题后，数字金融对企业透明度的影响依然在1%的水平上正向显著，验证数字金融对企业透明度具有提升效应。此外，为了保证工具变量选取的合理性，本文还对工具变量进行了不可识别检验、弱工具变量检验和过度识别检验。其中，不可识别检验（LM）统计量p值为0.0000，弱工具变量（Wald-F）统计量为446.825，大于所有临界值，过度识别检验（Hansen J）统计量p值为0.855，大于0.05，接受不拒绝“过度识别”原假设。检验结果表明工具变量的选取是有效的。

五、进一步分析

前文研究表明数字金融能够提升企业透明度，为了更加深入地研究数字金融与企业透明度的关系，本文将从作用路径、维度和异质性三方面入手进一步分析二者之间的关系。

（一）机制检验

结合上文分析，数字金融可能会通过促进企业数字化转型和抑制真实盈余管理两种方式提高企业透明度。首先，数字金融的发展促使企业加快数字化转型的步伐（王宏鸣等，2022），数字化转型则帮助企业构建便捷的内外部沟通渠道，提高了企业与市场的沟通效率，降低信息不对称，从而改善企业透明度。其次，数字金融拓宽了企业的融资渠道，丰富了企业的融资选择，抑制了真实盈余管理行为，从而提高企业透明度。基于上述分析，本文将从数字化转型和真实盈余管理两个角度对数字金融影响企业透明度的路径进行分析。

为了研究数字化转型是否是数字金融和企业透明度的作用路径，本文使用袁淳等（2021）的方法对企业数字化程度进行度量。首先，选取2011—2021年期间发布的中国国家层面数字经济相关政策文件用于提取数字化相关关键词，经过Python和手工筛选得到197个数字化相关词语，作为数字化词典。其次，利用Python对上市企业"管理层讨论与分析（MD&A）"进行文本分析，统计得到197个关键词的出现频率。再次，采用企业数字化相关词汇频数总和除以年报MD&A语段长度衡量企业数字化转型程度（DIG）。最后，为了方便数据分析，将数字化转型程度（DIG）乘以100。DIG的数值越大，说明企业数字化转型水平越高。

借鉴李增福等（2011）的方法，使用异常经营活动现金流（R_CFO），异常费用（R_DISX）和异常产品成本（R_PROD）三个分指标，并使用公式（6）来计量企业真实盈余管理行为，记为REM，并取绝对值。REM越大，说明企业真实盈余管理水平越高。

$$REM = R\_PROD - R\_CFO - R\_DISX \tag{6}$$

最后，为了检验数字化转型和真实盈余管理是否是数字金融提高企业透明度的路径，本文构建如下模型（7）、（8）、（9）：

$$DIG_{i,t} = \alpha_0 + \alpha_1 DIF_{i,t} + \alpha_2 CONTROL + \sum YEAR + \sum IND + \varepsilon_{i,t} \tag{7}$$

$$REM_{i,t} = \alpha_0 + \alpha_1 DIF_{i,t} + \alpha_2 CONTROL + \sum YEAR + \sum IND + \varepsilon_{i,t} \tag{8}$$

$$TRAN_{I,t} = \gamma_0 + \gamma_1 DIF_{I,t} + \gamma_2 DIG_{I,t} + \gamma_3 REMEM_{I,t} + \gamma_4 CONTROLS + \sum YEAR + \sum IND + \varepsilon_{i,t} \tag{9}$$

其中，$DIG_{i,t}$为企业i第t期数字化转型水平，$REM_{i,t}$为企业i第t期真实盈余管理水平。回归结果见表7。列（1）为模型（7）回归结果，列（2）为模型（8）回归结果，列（3）为模型（9）回归结果。数字金融（DIF）与数字化转型水平（DIG）在1%的水平上显著正相关，与真实盈余管理水平（REM）在1%的水平上显著负相关，与已有研究结论相同。列（3）中，数字金融（DIF）与企业透明度（TRAN）的相关系数为0.0484在1%的水平上显著，小于上文模型（1）的回归结果（0.0533）。证明数字金融确实能够通过提高企业数字化水平和降低真实盈余管理水平来提高企业透明度。此外，为了提高文中结论的稳健性，本文对数字化转型和真实盈余管理的路径分析进行了Sobel检验，其结果均在1%的水平上显著。

表7 **机制检验**

Variable	（1）	（2）	（3）
	DIG	REM	TRAN
DIF	0.1645***	−0.0204**	0.0484***
	（5.30）	（−2.54）	（5.96）

续表

Variable	(1)	(2)	(3)
	DIG	REM	TRAN
DIG			0.0078***
			(4.51)
REM			−0.0299***
			(−3.20)
SIZE	0.0180***	−0.0075***	0.0737***
	(3.53)	(−7.00)	(58.89)
LEV	−0.1277***	0.0663***	−0.0973***
	(−3.38)	(9.21)	(−12.03)
ROA	0.1463	0.5240***	1.1018***
	(1.29)	(19.01)	(47.01)
AGE	−0.0947***	0.00280	−0.0299***
	(−4.00)	(0.64)	(−6.10)
GROWTH	0.0570***	0.0379***	0.0071*
	(3.68)	(8.78)	(1.90)
DUAL	0.0996***	0.0059**	0.0058**
	(6.33)	(2.03)	(2.01)
SOE	−0.0951***	−0.0078***	0.0121***
	(−8.00)	(−3.15)	(4.47)
Cons	−0.7159***	0.3546***	−1.3879***
	(−4.39)	(8.95)	(−31.92)
YEAR/IND	Yes	Yes	Yes
N	14 138	14 138	14 138
ADJ_R^2	0.449	0.449	0.420

注：* p<0.1，** p<0.05，*** p<0.01。

（二）长期效应

上文的研究已经证明数字金融对企业透明度具有提升效应，并且通过了稳健性检验。但数字金融的本质是借助数字技术，提高金融资源配置效率，优化金融资源配置功能。因此，它无法避免逐利性。与此同时，从时序上看，金融资本在逐利过程中仍然存在期限选择的问题。那么，数字金融对企业透明度的提升效应是一种短期策略行为还是长期目标选择？

为了回答这一问题，本文对数字金融进行滞后2期、3期和4期处理，并利用模型（1）进行回归，以探索其对企业透明度的提升效应是否具有长期性。回归结果见表8列（1）~（3）。表中数据表明，在滞后2~4期后，数字金融（DIF）对企业透明度（TRAN）始终在1%的水平上显著正相关，表明数字金融对企业透明度的提升效应具有长期性，并非短期策略行为。

表8 长期效应

	(1)	(2)	(3)
	TRAN	TRAN	TRAN
L2_DIF	0.0606***		
	(6.87)		
L3_DIF		0.0663***	
		(6.97)	
L4_DIF			0.0566***
			(5.40)
SIZE	0.0761***	0.0774***	0.0810***
	(50.14)	(45.57)	(41.07)
LEV	-0.1112***	-0.1086***	-0.1237***
	(-11.32)	(-9.74)	(-9.30)
ROA	1.0964***	1.0918***	1.0502***
	(38.47)	(34.16)	(26.86)
AGE	-0.0442***	-0.0541***	-0.0694***
	(-7.34)	(-7.75)	(-7.66)
GROWTH	0.0040	0.0053	0.0068
	(0.81)	(0.93)	(1.04)

续表

	(1)	(2)	(3)
	TRAN	TRAN	TRAN
DUAL	0.0082**	0.0055	0.0012
	(2.38)	(1.40)	(0.25)
SOE	0.0082**	0.0074**	0.0066
	(2.57)	(2.06)	(1.60)
Cons	-1.4417***	-1.4735***	-1.4690***
	(-28.69)	(-26.60)	(-22.85)
Year/Ind	Yes	Yes	Yes
N	9 720	7 816	5 686
ADJ_R^2	0.419	0.426	0.428

注：* p<0.1，** p<0.05，*** p<0.01。

（三）数字金融维度

为了更加精准地刻画数字金融对企业透明度的影响，参考唐松等（2020）研究，将数字金融指数降维至覆盖广度（DIF _b）和使用深度（DIF _d）两个层面。覆盖广度（DIF _b）反映了地区使用电子账户等的人数，刻画了地区的金融环境；使用深度（DIF _d）反映了地区数字金融服务的使用程度，刻画了数字地区数字金融服务能力。将数字金融（DIG）分别替换为数字金融覆盖广度（DIF _b）和数字金融使用深度（DIF _d）对模型（1）进行重新回归，结果见表9。

表9 异质性分析

	(1)	(2)	(3)	(4)	(5)
	TRAN	TRAN	TRAN	TRAN	TRAN
DIF _b	0.0272***				
	(5.02)				
DIF _d		0.0504***			
		(7.61)			
DIF			0.0581***	0.0651***	0.0442***
			(6.56)	(6.78)	(3.64)

续表

	(1)	(2)	(3)	(4)	(5)
	TRAN	TRAN	TRAN	TRAN	TRAN
EPU				-0.0259***	
				(-8.53)	
MARKET					0.0034***
					(3.39)
DIF×SOE			-0.0115**		
			(-2.53)		
DIF×EPU				0.0115***	
				(2.89)	
DIF×MARKET					0.0049***
					(3.94)
SIZE	0.0742***	0.0742***	0.0742***	0.0740***	0.0742***
	(59.21)	(62.74)	(59.28)	(59.20)	(59.29)
LEV	-0.1014***	-0.0999***	-0.1003***	-0.1000***	-0.1003***
	(-12.57)	(-12.44)	(-12.44)	(-12.40)	(-12.44)
ROA	1.0882***	1.0843***	1.0885***	1.0885***	1.0824***
	(47.36)	(47.78)	(47.41)	(47.36)	(47.18)
AGE	-0.0309***	-0.0307***	-0.0297***	-0.0303***	-0.0305***
	(-6.28)	(-6.32)	(-6.02)	(-6.17)	(-6.19)
GROWTH	0.0062*	0.0066*	0.0064*	0.0066*	0.0064*
	(1.65)	(1.85)	(1.70)	(1.76)	(1.70)
DUAL	0.0067**	0.0060**	0.0059**	0.0061**	0.0056*
	(2.33)	(2.01)	(2.05)	(2.11)	(1.93)
SOE	0.0112***	0.0121***	0.0738***	0.0117***	0.0127***
	(4.15)	(4.54)	(3.00)	(4.36)	(4.70)

续表

	(1)	(2)	(3)	(4)	(5)
	TRAN	TRAN	TRAN	TRAN	TRAN
Cons	−1.3118***	−1.4145***	−1.4497***	−1.4561***	−1.4196***
	(−36.43)	(−35.99)	(−30.40)	(−28.19)	(−26.97)
Year/Ind	Yes	Yes	Yes	Yes	Yes
N	14 138	14 138	14 138	14 138	14 138
ADJ_R^2	0.419	0.420	0.419	0.419	0.420

注：* p<0.1，** p<0.05，*** p<0.01。

表9中列（1）和列（2）分别为数字金融覆盖广度（DIF _b）和使用深度（DIF _d）。从回归结果看，覆盖广度（DIF _b）和使用深度（DIF _d）对企业透明度的影响均在1%的水平上显著为正。数字金融提高企业透明度由数字金融覆盖广度（DIF _b）和使用深度（DIF _d）共同发挥作用。地区数字金融环境越好，使用越广泛，企业越容易获得充裕的资金，以加强数字化转型和抑制盈余管理，进而提高企业透明度。

（四）异质性检验

1.企业性质

数字金融对不同产权性质的企业的透明度可能存在不同影响。一方面，国有企业由于其特殊的背景，更易受传统金融青睐，更容易获得资金支持，采取盈余管理手段的可能性更低。国有企业拥有浓烈的政府背景，在地方政府的“父爱主义”加持下，把握了银行等传统融资取得渠道，难以有动机接受数字金融的驱动效应，导致数字金融对企业透明度的提升效应在国有企业中并不能发挥作用（黄锐等，2021）。另一方面，国有企业大多是国计民生领域，面临的监管强度较大、频率较高，这增加了管理层操纵会计信息的成本，使得国有企业相对更加透明，从而削弱数字金融对会计信息质量的提升作用。

为了检验企业产权性质是否能够影响数字金融对企业透明度的提升效应，本文构建了企业性质（SOE）和数字金融（DIF）的交互项DIF×SOE，并基于模型（10）进行回归检验，结果见表9列（3）。

$$TRAN_{i,t} = \beta_0 + \beta_1 DIF_{i,t} + \beta_2 SOE + \beta_3 DIF \times SOE + \beta_4 CONTROL + \sum YEAR + \sum IND + \varepsilon_{i,t} \tag{10}$$

回归结果表明，交互项DIF×SOE与企业透明度（TRAN）在5%的水平上显著负相关，说明企业性质确实会影响数字金融对企业透明度的提升效应。在非国有企业中，数字金融对企业透明度的提升效应更加有效。

2.经济政策不确定性

宏观经济政策的不确定性会对企业经营环境和经营策略产生影响。因此，也可能影响数字金融和企业透明度之间的关系。经济政策的不确定性会导致市场波动性上升，流动性减弱，进而对企业发展产生负面影响。经济政策的不确定性会加剧管理层操纵会计信息的行为，影响企业信息披露质量。在较高的经济政策不确定性下，管理层有可能会对信息进行操纵，从而削弱企业透明度。但是，Nagar等（2019）研究发现在较高的经济政策不确定下，企业会加强信息披露以降低与外部的信息不对称性，缓解企业面临的压力。因此，较高的经济政策不确定性也可能使企业加强数字金融的运用，以提高企业透明度，降低经济政策不确定性对企业的影响。

为了验证在较高的经济政策不确定性下，数字金融对企业透明度的提升效应是否更加显著。首先，使用Baker构建的中国经济政策不确定性指数（EPU）。其次，计算每月经济政策不确定性指数的算术平均值，同时将经济不确定性年度数据除以100以消除数量级差异。EPU越高，经济政策的不确定性越强。最后，本文在模型（1）中增加经济政策不确定性指数（EPU）以及经济政策不确定性指数（EPU）和数字金融（DIF）的交互项DIF×EPU，并构建模型（11），以明确经济政策不确定性在数字金融与企业透明度间扮演的角色，回归结果见下表9列（4）。

$$TRAN_{I,t} = \beta_0 + \beta_1 DIF_{I,t} + \beta_2 EPU + \beta_3 DIF \times EPU + \beta_4 CONTROL + \sum YEAR + \sum IND + \varepsilon_{i,t} \tag{11}$$

由表9列（4）中结果可见，经济政策不确定性指数（EPU）与企业透明度（TRAN）在1%的水平上显著负相关，交互项DIF×EPU与企业透明度（TRAN）在1%的水平上显著正相关，经济政策不确定性强化了数字金融对企业透明度的提升效应。

3.市场化水平

数字金融对企业透明度的提升效应也可能受到地区市场化水平的影响。中国仍处于经济体制改革的进程中，不同地区的经济发展水平不同，导致市场化程度不同。相比于市场化程度较低的地区，市场化水平较高的地区金融基础设施更加完善，数字技术应用较早。因此，数字金融的覆盖面较广，使用深度较高，发展程度较好，能更好地发挥信息效应，提高企业的透明度。基于上述分析，在市场化程度较高的地区，数字金融对企业透明度的促进作用更强。

采用王小鲁等（2019）的中国各省份市场化指数来衡量地区市场化程度，并将市场化程度数据扩展至2020年，市场化程度记为“MARKET”。为了检验市场化程度的调节效应，本文构建了市场化程度（MARKET）与数字金融（DIF）的交互项DIF×MARKET，并基于模型（12）进行回归，结果见表9列（5）。

$$TRAN_{I,t} = \beta_0 + \beta_1 DIF_{I,t} + \beta_2 MARKET - \beta_3 DIF \times MARKET + \beta_4 CONTROL + \sum YEAR + \sum IND + \varepsilon_{i,t} \tag{12}$$

由表9列（5）中结果可见，市场化程度（MARKET）与企业透明度（TRAN）在1%的水平上显著正相关，交互项DIF×MARKET与企业透明度（TRAN）在1%的水平上显著正相关，市场化程度越高，数字金融对企业透明度的提升效应越明显。

六、结　论

数字金融的蓬勃发展对企业经营和管理各方面都产生了显著影响，企业透明度是企业信息质量的重要衡量指标，那么数字金融是否会影响企业透明度呢？为了回答这一问题，本文以中国A股上市公司2011—2020年的数据为研究样本，考察了数字金融与企业透明度之间的关系。研究结果表明：（1）数字金融具有提升效应，能够提高企业透明度；（2）数字金融可以通过促进企业数字化转型和抑制真实盈余管理这两种方式发挥其对企业透明度的提升效应；（3）将数字金融滞后2~4期的研究结果显示，数字金融对企业透明度的提升效应具有长期性；（4）分维度分析表明，数字金融对企业透明度的提升效应是数字金融覆盖广度和使用深度共同作用的结果；（5）数字金融的提升效应在企业性质、经济政策不确定性和市场化程度不同的情况下会有所不同。具体来说，在非国有企业，经济政策不确定性较高或市场化水平较高的地区数字金融更能发挥其对企业透明度的提升效应。

本文的研究具有一定的理论意义。首先，利用中国的数据探究数字金融与企业透明度之间的关系，丰富了发展中国家数字金融的经济后果研究，为今后的研究提供了借鉴。其次，延伸了企业透明度的研究脉络。本文结合中国数字金融高速发展的大背景，研究其对企业透明度的影响，为新兴市场国家企业透明度研究提供了多样化的视角。最后，丰富了数字金融作用机制的研究。本文基于数字化转型和真实盈余管理，探究了数字金融对企业透明度的作用路径，为以后的研究提供了理论证据。

本文的研究也具有一定的实践意义，对政府机构与企业均有影响。第一，新兴市场国家的政府应大力支持数字金融发展，完善金融基础设施，健全数字金融制度，以提高企业透明度，增强信息可信度，提高市场发展的活力。此外，数字金融对企业透明度的提升作用在不同的经济政策不确定性和市场化程度下有所不同。发展中国家要继续深化改革，推进市场化进程，降低地区市场化差异经济政策不确定性，以使数字金融更好地发挥作用。第二，企业要积极适应数字金融的高速发展，引入数字金融为自身发展服务，提高企业透明度，增强企业与市场其他参与者沟通的效率效果。

当然，本文的研究也存在局限和不足。第一，本文仅利用了中国的数据进行研究，不同国家的经济发展水平不同。因此，研究结论是否具有普遍性需要进一步探究。第二，本文选取的数据为A股市场上市公司数据，尽管进行了稳健性检验，但实证结果仍然可能受到样本偏差的影响。因此，有必要将研究样本扩大到中小企业，进一步探索数字金融对中小企业透明度是否同样具有提升效应。第三，限于篇幅本文仅从数字化转型和真实盈余管理两个角度进行了路径研究，事实上，数字金融对企业透明度的提升效应还可能存在其他路径。因此，需要在接下来的研究中进一步探索。

Can Digital Financial Inclusion Improve Corporate Transparency?

Zhenghan Sun, *Xiaohong Dong*

Abstract Digital finance is expanding quickly in China and has a big impact on all areas of company growth. We examine the link between digital finance and corporate transparency using data from the China A-share market from 2011 to 2020 and the Peking University Digital Finance Index. The findings demonstrate that digital finance can increase business transparency and have a long-term improvement effect. Additionally, a path study is done to demonstrate how digital finance, by enabling corporate digital transformation and limiting earnings management, enhances corporate transparency. Further research also shows how the breadth and depth of digital finance may enhance corporate transparency. Furthermore, heterogeneity research shows that business type, economic policy uncertainty, and marketization level all have an impact on the enhancing effect of digital finance. Overall, this study offers developing nations the theoretical foundation and empirical support they need to encourage the growth of digital finance and enhance corporate transparency.

Key Words digital finance; corporate transparency; digital transformation; earnings management

参考文献

[1] 陈梦根，张乔．数字金融对企业融资行为的影响效应及作用机制［J］．改革，2023（9）：34-52．

[2] 黄锐，赖晓冰，赵丹妮，等．数字金融能否缓解企业融资困境——效用识别、特征机制与监管评估［J］．中国经济问题，2021，324（1）：52-66．

[3] 蒋建勋，唐宇晨，李晓静．双碳背景下数字金融赋能新能源企业绿色创新：基于融资约束视角［J］．当代经济管理，2022，44（5）：81-89．

[4] 解维敏，吴浩，冯彦杰．数字金融是否缓解了民营企业融资约束？［J］．系统工程理论与实践，2021，41（12）：3129-3146．

[5] 李增福，董志强，连玉君．应计项目盈余管理还是真实活动盈余管理？——基于我国2007年所得税改革的研究［J］．管理世界，2011，208（1）：121-134．

[6] 林有志，张雅芬．信息透明度与企业经营绩效的关系［J］．会计研究，2007（9）：26-34．

[7] 吕勇斌，郭懿晨．分好蛋糕：数字金融如何促进收入平等［J］．中南财经政法大学学报，2023（4）：81-93．

[8] 毛成刚，杨国佐，范瑞．数字金融与资源型地区产业结构转型升级——基于109个资源型城市的实证分析［J］．经济问题，2022（7）：63-70．

[9] 聂兴凯，王稳华，裴璇．企业数字化转型会影响会计信息可比性吗［J］．会计研究，2022（5）：17-39．

[10] 唐松，伍旭川，祝佳．数字金融与企业技术创新——结构特征、机制识别与金融监管下的效应差异［J］．管理世界，2020，36（5）：52-66；9．

[11] 王宏鸣，孙鹏博，郭慧芳．数字金融如何赋能企业数字化转型？——来自中国上市公司的经验证据［J］．财经论丛，2022（10）：3-13．

[12] 王可第．信息透明度与企业技术创新——来自中国上市公司的证据［J］．当代财经，2021（7）：77-89．

[13] 王小鲁，樊纲，胡李鹏，等．中国分省份市场化指数报告（2018）［M］．北京：社会科学文献出版社，2019．

[14] 吴茜，姚乐野．数字经济、创新驱动与区域经济增长［J］．软科学，2023，37（6）：63-70．

[15] 肖红军，阳镇．数字普惠金融会推动企业数字化吗［J］．吉林大学社会科学学报，2022，62（6）：106-126；233-234．

[16] 辛清泉，孔东民，郝颖．公司透明度与股价波动性［J］．金融研究，2014（10）：193-206．

[17] 袁淳，肖土盛，耿春晓，等．数字化转型与企业分工：专业化还是纵向一体化［J］．中国工业经济，2021，402（9）：137-155．

[18] 张嘉伟，胡丹丹，周磊．数字经济能否缓解管理层短视行为？——来自真实盈余管理的经验证据［J］．经济管理，2022，44（1）：122-139．

[19] 张林，王燕霞，郑强．数字普惠金融如何影响民营企业成长［J］．财经问题研究，

2023（5）：76-88.

［20］张勋，万广华，张佳佳，等．数字经济、普惠金融与包容性增长［J］．经济研究，2019，54（8）：71-86.

［21］张勋，杨桐，汪晨，等．数字金融发展与居民消费增长：理论与中国实践［J］．管理世界，2020，36（11）：48-63.

［22］郑万腾，赵红岩，赵梦婵．数字金融发展有利于环境污染治理吗？——兼议地方资源竞争的调节作用［J］．产业经济研究，2022（1）：1-13.

［23］BAE K H，BAILEY W，MAO C X．Stock market liberalization and the information environment［J］．Journal of International Money and Finance，2006，25（3）：404-428.

［24］BALAKRISHNAN K，BLOUIN J L，GUAY W R．Tax aggressiveness and corporate transparency［J］．Accounting Review，2019，94（1）：45-69.

［25］BROWN J R，MARTINSSON G．Does transparency stifle or facilitate innovation？［J］．Management Science，2019，65（4）：1600-1623.

［26］BUSHMAN R M，PIOTROSKI J D，SMITH A J．What determines corporate transparency？［J］．Journal of Accounting Research，2004，42（2）：207-252.

［27］EATON T V，NOFSINGER J R，VARMA A．Institutional investor ownership and corporate pension transparency［J］．Financial Management，2014，43（3）：603-630.

［28］GENG Z C，HE G S．Digital financial inclusion and sustainable employment：evidence from countries along the belt and road［J］．Borsa Istanbul Review，2021，21（3）：307-316.

［29］GOMBER P，KAUFFMAN R J，PARKER C．On the fintech revolution：interpreting the forces of innovation，disruption，and transformation in financial services［J］．Journal of Management Information Systems，2018，35（1）：220-265.

［30］HAN M H，DING A S，ZHANG H．Foreign ownership and earnings management［J］．International Review of Economics & Finance，2022，80（Suppl C）：114-133.

［31］JAMES H L，NGO T，WANG H X．Independent director tenure and corporate transparency［J］．North American Journal of Economics and Finance，2021，57（23）.

［32］JI Y，SHI L N，ZHANG S M．Digital finance and corporate bankruptcy risk：evidence from China［J］．Pacific-Basin Finance Journal，2022，72（Suppl C）.

［33］NAGAR V，SCHOENFELD J，WELLMAN L．The effect of economic policy uncertainty on investor information asymmetry and management disclosures［J］．Journal of Accounting & Economics，2019，67（1）：36-57.

［34］QIAN C L，GAO X Z，TSANG A．Corporate philanthropy，ownership type，and financial transparency［J］．Journal of Business Ethics，2015，130（4）：851-867.

［35］WU W W，LIU Y X，ZHANG Q，et al．How innovative knowledge assets and firm transparency affect sustainability-friendly practices［J］．Journal of Cleaner Production，2019，229：32-43.

［36］XUE X L，ZHANG J R，YU Y X．Distracted passive institutional shareholders and firm transparency［J］．Journal of Business Research，2020，110：347-359.

第18辑，2025年
No. 18，2025
会计与控制评论
Review of Accounting and Control

智能制造、供应链韧性与股票崩盘风险

——基于A股制造业上市公司年报的文本分析[①]

张金泉 戚锦程

（南京审计大学会计学院 南京 211815）

摘 要 智能制造深度融合了多项先进技术，是实现质量变革、效率变革、动力变革，进而提高安全水平，降低崩盘风险的重要抓手。本文利用机器学习方法刻画微观企业的智能制造水平，并以价值链理论和利益相关者理论为基础，分析了智能制造对企业股票崩盘风险的影响机理，以及供应链韧性的中介作用。研究结果发现：（1）智能制造与企业股票崩盘风险之间存在显著负相关关系，该研究结果在经过一系列稳健性检验的情况下依然成立；（2）智能制造能够通过增强灵活性、提升敏捷性和可见性、降低资源冗余性、增强合作关系，以及增强供应链韧性，进而降低企业股票崩盘风险；（3）在进一步的异质性检验中，智能制造对企业股票崩盘风险的影响具有一定的边界性。智能制造对股票崩盘风险的降低作用仅在较大规模的企业和非低碳试点城市中的企业成立。研究结论对企业积极布局智能制造相关领域，加强供应链管理层面具有一定的借鉴意义。

关键词 智能制造 股票崩盘风险 供应链韧性 机器学习

① 基金项目：国家社科后期资助一般项目“数字化转型对企业EESG综合绩效的驱动机理研究”，项目编号：23FGLB046。作者简介：张金泉（1994—），博士，讲师，主要研究方向为企业社会责任、利益相关者管理，电子邮箱：zhangjinquan1994@163.com，联系电话：18351889267；戚锦程（1990—），硕士研究生，主要研究方向为财务预警、利益相关者管理。

一、引 言

党的二十大报告明确指出："要坚持以推动高质量发展为主题，把实施扩大内需战略同深化供给侧结构性改革有机结合起来，增强国内大循环内生动力和可靠性，提升国际循环质量和水平，加快建设现代化经济体系，着力提高全要素生产率，着力提升产业链供应链韧性和安全水平，着力推进城乡融合和区域协调发展，推动经济实现质的有效提升和量的合理增长。"在此背景下，如何有效提升产业链供应链韧性和安全水平受到实务界、学术界和政府等多方主体的密切关注，特别是提升产业链供应链韧性和安全水平的手段以及实现路径。企业是经济发展的微观主体，其能否提升产业链供应链韧性和安全水平、实现高质量发展是我国实现经济高质量发展的关键（巫强、姚雨秀，2023）。股票崩盘风险关系到企业的可持续发展，是企业安全生产的关键（吴世农等，2023）。那么，在大智移云物区背景下，如何形成降低股票崩盘风险的长效机制，值得重点关注。党的二十大报告强调："推动战略性新兴产业融合集群发展，构建新一代信息技术、人工智能、生物技术、新能源、新材料、高端装备、绿色环保等一批新的增长引擎。"以新一代信息技术、大数据、人工智能等先进技术为支撑的智能制造将是实现企业高质量发展的新动能，在促进质量变革、效率变革、动力变革，进而提升企业产业链供应链韧性和安全生产水平方面应该具有重要作用。然而，布局智能制造需要投入大量的资源，可能会增加企业的经营不确定性。因此，智能制造能否降低股票崩盘风险，以及如何降低股票崩盘风险，成为了值得研究的科学问题。

智能制造贯穿设计、生产、物流、销售、服务等生产运营各个环节，能够影响产品研制周期、运营成本、运营效率、全要素生产率、产品质量、资源能源消耗、股票崩盘风险等企业关心的多个方面。其中，智能制造能否降低股票崩盘风险，实现持续发展是关键，高质量、去产能、去库存、去杠杆、降成本等都要以可持续为前提。然而，囿于微观企业层面智能制造水平的度量困难，现有研究多停留在理论分析层面，系统性考察智能制造对企业股票崩盘风险产生影响的实证研究较为匮乏。因此，本文建立了一个相对完备的智能制造词典，并采用机器学习的文本分析法，运用2013—2022年的相关数据，以A股制造业上市公司年报的文本信息衡量智能制造，进而验证智能制造与企业股票崩盘风险的相关关系。

智能制造对企业股票崩盘风险的作用不仅会受到内部环境因素的影响，如内部控制、产权性质、公司治理、供应链韧性等，同时也会受到企业外部环境特征的影响，如国家政策、经济政策不确定性、机构投资者关注、媒体报道等。本文之所以选择从供应链韧性的视角探究智能制造与企业股票崩盘风险的中介效应，原因在于智能制造实现生产运营各环节的智能化，对供应链韧性的影响是最为直接的，而供应链韧性又是抵御崩盘风险的关键因素（高震男等，2023）。因此，智能制造如何通过影响企业供应链韧性，进而对股票崩盘风险产生影响值得深入探讨，有助于更加全面地认识智能制造对企业股票崩盘风险的影响机理，为企业实施智能制造战略提供有益启示。

与已有文献相比，本文的创新点和贡献主要体现在以下方面：（1）为智能制造降低企业股票崩盘风险提供了新的理论支撑。目前在对于智能制造影响企业股票崩盘风险的解释中，多停留在理论和模型层面，囿于智能制造的衡量困难，系统性考察智能制造影响企业股票崩盘风险的实证研究较为匮乏。本文认为智能制造能够通过提升信息透明度和信息披露质量、减弱管理者囤积坏消息的动机，进而降低股票崩盘风险。本研究丰富了智能制造与企业股票崩盘风险的研究视角。（2）为智能制造、供应链韧性与股票崩盘风险的影响关系提供了理论解释。现有文献研究智能制造与企业股票崩盘风险的关系时，鲜有考虑供应链韧性这一重要路径。本文认为，智能制造能够通过增强企业灵活性、提升敏捷性和可见性、降低资源冗余性、增强合作关系，以及增强供应链韧性，进而降低企业股票崩盘风险。（3）从公司特征和低碳试点城市两个视角出发，研究了不同产权性质、不同公司规模和不同城市下，智能制造影响企业股票崩盘风险的异质性，为智能制造对企业股票崩盘风险在不同性质、不同规模和不同城市下的异质影响提供证据支持。（4）基于微观视角考察了智能制造对企业股票崩盘风险的影响，以及供应链韧性的传导机理，有利于总结企业实施智能制造的发展进程与成功经验，从而加快实现企业的智能化转型。

二、文献综述

囿于企业智能制造度量困难，现有关于智能制造直接影响股票崩盘风险的研究较少，因此，本文主要从股票崩盘风险影响因素的相关研究、智能制造概念界定的相关研究、智能化数字化影响股票崩盘风险的相关研究三个方面对已有文献进行回顾。

（一）股票崩盘风险影响因素的相关研究

股票崩盘风险是指公司股票大幅负异常收益的风险，这种风险通常与公司内部信息环境息息相关。大量文献认为，管理层有意进行信息管理，囤积经营过程中的坏消息，是导致股票崩盘的重要机制（Jin and Myers，2006；Kim et al.，2011）。当面临绩效压力时，管理者就可能向市场隐瞒坏消息，以获取更好的公司业绩。而隐瞒的坏消息达到一定阈值后，坏消息将会喷泉式地涌入市场，从而造成股票剧烈动荡。能有效提高公司信息透明度和减少管理者机会主义行为的因素均是降低股票崩盘风险的有效机制，如媒体监督、信息披露、绿色信贷、公司治理、数字化转型、经济政策不确定性，以及管理者个人特征等。媒体监督是限制管理者机会主义行为，并减少股票动荡的有效机制。媒体报道能为投资者提供更多有价值的信息，从而降低了管理层与投资者之间的信息不对称性，降低股票崩盘风险，并且对外部监管机构存在替代效应，当外部监管机构较为薄弱时，媒体报道对股票崩盘风险的抑制作用更加明显。另外，媒体报道还能增加管理者隐瞒坏消息的成本，以此降低管理者隐瞒坏消息的动机（An et al.，2020）。财务报告的信息披露质量，或者是ESG信息披露质量能够提高企业信息透明度，降低股票崩盘风险（Feng et al.，2022）。绿色信贷通过将企业环境信息引入市场，能够提高资本市场的信息效率，降低股票崩盘风险，如Ge和Zhu（2022）研究发现绿色金融政策降低重污染上市公司的股票崩盘风险。然而，绿色信贷也可能成为管理者信息操纵的温床（Herbohn et al.，2019）。公司治理是提高信息透明度和投资效率的一把利器，Hu等（2020）研究表明，董事会改革能够通过提高财务透明度和提高投资效率来降低股票崩盘风险。企业数字化转型在降低信息不透明度的同时，还能提高内部控制质量，进而降低股票崩盘风险（Jiang et al.，2022）。还有研究表明，经济政策不确定性会影响投资者对外部风险的感知程度，当经济政策不确定性增加时，公司面临的股票崩盘风险更大。

管理者个人经历也是影响股票崩盘风险的重要因素，首席执行官早期经历了创伤性事件，会逐渐形成风险规避性人格，该类执行官更有可能避免囤积坏消息，降低股票崩盘风险（Chen et al.，2021）。从另一个视角而言，创伤性事件会使得执行官的风险承受能力更强（Ben-Zur and Zeidner，2009），同时也会增加该类执行官处理风险的信心，这将会提升公司的股票崩盘风险。

（二）智能制造概念界定的相关研究

关于智能制造的内涵研究，中国工业和信息化部、财政部在《智能制造发展规划（2016—2020年）》中提出智能制造是基于新一代信息通信技术与先进制造技术深度融合，贯穿设计、生产、管理、服务等制造活动的各个环节，具有自感知、自学习、自决策、自执行、自适应等功能的新型生产方式。相似地，李廉水等（2019）和吕文晶等（2019）认为智能制造以产品制造全流程和全生命周期作为作用对象，融合了大数据技术、人工智能技术、互联网技术、先进制造技术等技术手段（Zhong et al.，2017），体现了信息技术与制造技术的深度融合与集成，从而实现从产品设计、生产、物流、销售、服务等全价值链环节的信息化与智能化（Kusiak，2017；Patel，2018）。Martinez et al.（2016）认为智能制造是以优化产品生产与交易为目标，利用先进的信息和制造技术来提升产品制造流程效率的先进技术。He和Bai（2021）认为智能制造是先进制造技术、信息技术、智能技术的深度融合，具有自传感、自分析、自推理、自决策、自控制等功能的新型生产方式，且基于数字孪生技术的智能化发展将是智能制造的重要发展方向。技术范式作为一组处理问题的原理、规则、方法、标准、习惯的总称（罗仲伟等，2014；简泽等，2020），为智能制造的内涵界定提供了新思路。肖静华等（2021）从技术范式视角出发，认为智能制造是一种技术范式，深度融合了大数据、人工智能、互联网等先进技术手段，贯穿研发设计、生产过程、物流和服务等价值链环节，是信息技术与制造业务高度匹配的制造模式，体现了技术与管理的深度融合（Tao et al.，2018）。

（三）智能化数字化影响股票崩盘风险的相关研究

现有关于智能化数字化影响股票崩盘风险的研究重点考察了智能化数字化对企业信息透明度、内部控制质量和企业绩效的影响。企业的智能化数字化转型优化了生产运营流程和商业模式，使得企业能够及时收集和处理信息。借助一些先进的信息处理技术，有助于企业获取设计、生产、物流、销售、服务等价值链全环节产生的数据，并运用一些数据处理技术，充分挖掘价值链全环节产生的各式各样的数据，从而为信息使用者提供更为全面有效的信息，降低崩盘风险（Jiang et al.，2022）。一方面，智能化数字化转型有助于企业收集生产运营全流程产生形形色色的数据，也有利于企业产生的各种信息在企业内部之间、企业内部与外部之间的传输，从而提高企业信息透明度。另一方面，智能化数字化转型是一个复杂的系统工程，部署智能化数字化战略需要大量资源的投入，这个过程需要投资者的大力支持。为了获取投资者的资源支持，企业需要提高信息披露质量，以降低信息不对称性并提高信息透明度，从而缓解融资约束（Fazzari and Athey，1987）。

智能化数字化转型能使企业组织架构变得扁平化，智能化数字化进程有利于全价值链数据的收集与处理，提高了审计师和投资者等外部信息使用者的监督能力，提高内控质量，进而对管理层形成约束机制，降低崩盘风险（宗庆莹等，2023）。智能化数字化转型有利于企业新产品、新业务、新业态的形成，优化生产运营流程，提高生产运营效率，从而为企业创造更高的价值，减少管理者隐瞒坏消息的动机，进而降低股票崩盘风险（Wu et al.，2022）。

综上所述，现有文献主要存在以下几个方面的局限性：（1）现有关于股票崩盘风险影响因素的研究，重点从媒体监督、信息披露、绿色信贷、公司治理、数字化转型等能够提高信息透明度的因素，以及管理者个人特征等能够减少管理者机会主义行为的因素进行研究，鲜有文献考虑智能制造对于提高信息透明度和降低管理者隐瞒坏消息动机，进而降低股票崩盘风险的重要作用，导致智能制造与股票崩盘风险的相关研究较为匮乏；（2）囿于微观企业层面智能制造水平的度量困难，现有关于智能制造与股票崩盘风险的相关研究多停留在理论层面，系统性考察智能制造与企业股票崩盘风险关系的实证研究较为匮乏；(3) 供应链韧性是智能制造影响股票崩盘风险的关键传导机理。然而，几乎没有文献从供应链韧性的视角研究智能制造与企业股票崩盘风险的内在机理。因此，智能制造理应能够通过提高供应链韧性，从而降低股票崩盘风险，本文将重点对此进行研究。

三、理论分析与研究假设

智能制造是一种涵盖面更广的技术范式，贯穿研发设计、生产过程、物流和服务等价值链环节，融合了大数据、互联网、人工智能等技术手段，是信息技术与制造业务高度匹配的制造模式，体现了技术与管理的深度融合（肖静华等，2021；Kusiak，2019）。智能制造改变了传统的车间管理模式，有利于信息在各部门之间的共享，从而实现产品设计、生产、服务信息资源的整合（林琳、吕文栋，2019）。与自动化技术不同的是，智能制造不强调对劳动力的替代，甚至会增加对高端人才的需求。智能制造强调的是相关技术手段对价值链各环节的渗透，体现的是创新链与企业价值链的深度融合。因此，智能制造布局完善之后不仅能够及时收集价值链各环节的信息，而且有助于信息在企业内外部之间的传递与流动，提高信息透明度，还有助于促进效率提升，对企业绩效起到积极的促进作用，从而降低股票崩盘风险。智能制造对股票崩盘风险的影响机理如图1所示。

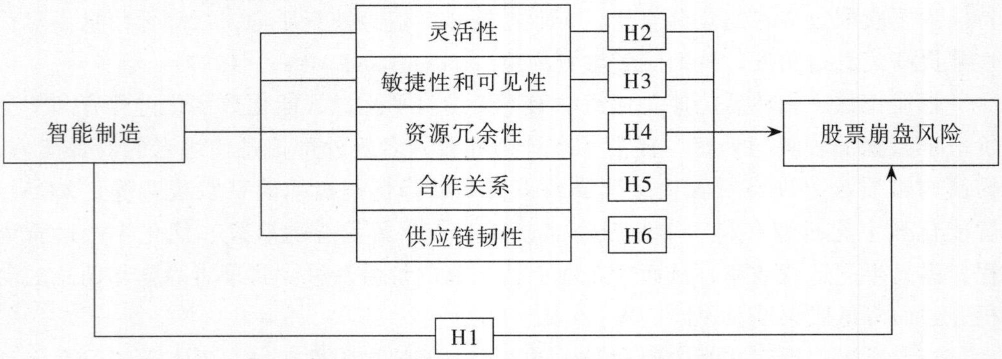

图1　智能制造对企业股票崩盘风险的影响路径

（一）智能制造对企业股票崩盘风险的影响

管理者对坏消息的囤积是企业股票崩盘风险发生的主要原因。因此，可以从信息质量和管理者动机两个视角理解智能制造对企业股票崩盘风险的影响机理。从信息质量的视角来看，首先，智能制造涉及企业价值链各环节的智能化，通过大数据、人工智能、区块链、物联网等先进制造技术的布局，能够实现信息高度透明和高度共享，进而降低股票崩盘风险。其次，智能制造是一项复杂的系统工程，需要利益相关者的共同努力才可能完成。因此，为了获取利益相关者的资源支持，企业需要提高信息披露质量，以满足利益相关者对信息的个性化需求，降低股票崩盘风险。最后，智能制造有助于投资者和监管机构获取更为全面、更高质量的信息，有利于投资者和监管机构行使监督权利，形成良好的内外部监督环境，提升内部控制质量，进而降低股票崩盘风险。

从管理者动机的视角来看，管理者业绩压力是主要原因。智能制造借助大数据等先进技术，实现智能设计、智能生产、智能物流、智能营销和智能服务，有助于实现以大规模生产的方式满足客户的个性化需求，从而实现降本增效的目的。同时，智能制造能够提升产品质量和缩短产品研发周期，有利于维系老客户并吸引新客户，从而为企业创造可持续价值。因此，随着智能制造战略的不断实施，管理者的业绩压力将得到有效缓解，管理者隐瞒坏消息的动机将减弱，从而有效降低企业股票崩盘风险。

假设1：智能制造能够降低企业股票崩盘风险。

（二）灵活性在智能制造与企业股票崩盘风险关系中的传导机理分析

智能制造通过提高灵活性降低股票崩盘风险。灵活性是指企业应对市场动态变化的能力。一方面，随着互联网对价值链重构的要求越来越高，公司在价值链强度和效率方面的竞争越来越重要，能在第一时间回应和满足客户需求的公司将在这场竞争中赢得优势（Lade et al.，2017）。企业实现设计、生产、物流、销售、服务等价值链环节的智能化，有利于企业各生产环节数据的收集与流动，从而提高信息灵活性。信息的灵活应用使得企业能够对市场变化和客户需求变动做出更迅速、更有效的反应。同时，智能制造有利于快速响应客户需求和降低客户采购成本，能够通过提高产品质量，满足客户的多样性需求，为客户创造持续价值，更加有助于提升客户忠诚度，降低客户波动性，形成持续稳定和不断增长的客户回馈，从而增强对市场变化和需求变动的反应能力。另一方面，企业通过与供应商建立智能采购平台，实现企业内部与外部信息的互联互通，是企业履行供应商社会责任的表现，有助于深化与供应商的合作，进而获得供应商的支持。供应商反过来会采取一些行为回报企业，如保证供货安全稳定、提高货运效率等，供应商的这些回报行为增强了企业生产经营的稳定性，从而增强了企业对市场变化和需求变动的反应能力，提高了自身的灵活性。

灵活性是企业可持续发展的利器。一方面，灵活性越高，企业应对市场动态变化的能力就越强，企业在生产经营过程中产生的坏消息相对较少。另一方面，灵活性越高，企业的抗风险能力和可持续发展能力就越强，往往具有更高的韧性。在企业业绩得到持续发展的前提下，管理者隐瞒坏消息的动机将被削弱。因此，智能制造能够通过提高灵活性降低股票崩盘风险。基于此，本文提出如下假设：

假设2：智能制造通过提高灵活性降低企业股票崩盘风险。

（三）敏捷性和可见性在智能制造与企业股票崩盘风险关系中的传导机理分析

智能制造通过提高敏捷性和可见性降低股票崩盘风险。敏捷性反映了企业满足客户个性化需求的速度，可见性则是企业在生产经营过程中相关信息的透明度。Ivanov 和 Dolgui（2020）认为，先进的数字技术为企业提供了实时的供应链数据，使得供应链管理更为透明化，降低了管理供应链风险。一方面，智能制造实现了设计、采购、生产、物流、销售和服务等各环节的智能化，从而提升了满足客户个性化需求的速度，还有助于数据在供应链中的流动和提取，提高了企业供应链的可见性。设计环节的智能化主要结合基于数据驱动的参数化设计和以需求为导向的个性化设计，将最优参数保存下来并用于生产过程，能够设计出满足客户需求的产品，从而提高市场灵敏度。生产环节的智能化能够加快以订单为导向的传统生产方式向以服务为导向的新型生产方式转变，能够以接近大批量生产的方式完成设计阶段的产品制造过程，并且进一步提高了满足客户需求的速度和质量。

另一方面，智能制造是“工业4.0”的核心，而制造物联网技术是智能制造的基础。它将物联网技术手段与制造业的实际生产相结合，带动生产过程，改变传统的车间管理模式。通过对在制品的识别，实现在制品的动态跟踪和生产数据的实时采集，实现状态信息的实时检测，提高车间制造过程的透明度。此外，车间的实时定位技术也越来越受到制造企业的重视。通过对车间生产要素的实时定位，企业了解各生产要素的位置和状态，优化车间分布流程，使得各生产要素的流动更加透明（Chen，2020）。这不仅提高了企业收集信息和处理数据的能力（Gurbaxani and Dunkle，2019），而且有助于投资者及时、全面了解企业运作质量，从而提高投资者的监管作用。同时，智能制造是一项复杂的系统工程，其推进需要利益相关者的不断支持，这将加强企业提高信息披露质量的积极性，以获取利益相关者的资源支持（温素彬等，2022）。

因此，智能制造通过提高敏捷性和可见性降低股票崩盘风险，并提出如下假设：

假设3：智能制造通过提高敏捷性和可见性降低企业股票崩盘风险。

（四）资源冗余性在智能制造与企业股票崩盘风险关系中的传导机理分析

智能制造通过降低资源冗余性降低股票崩盘风险。资源冗余性反映了企业过剩、暂时闲置的资源，它是与效率相对的一个概念。企业往往需要在资源冗余和效率之间进行均衡，从而实现可持续发展。资源冗余为企业面对市场和环境变化提供一个缓冲区，增强企业面对市场和环境变化的韧性。资源冗余意味着部分资源的闲置，该部分资源不产生收益，致使效率损失。有效均衡资源冗余和效率之间的关系是企业获取竞争优势的重要手段。

智能制造借助大数据、云计算、物联网等先进制造技术，能够有效解决库存过多、产能过剩、资源冗余处理不当等长期困扰企业发展的问题。智能制造通过实现生产运营流程的智能化，一来使得企业生产运营更加透明化，可以解决部门之间存在的“信息孤岛”问题，降低经营风险；二来可以提高企业产品质量和服务质量，维系客户关系，从而降低市场需求变化带来的风险，起到“减震”的作用。因此，智能制造能够降低企业对资源冗余的依赖程度，减少资源冗余性。

智能制造通过减少资源冗余性，向效率更高的领域释放更多的资源，能够增强企业的竞争优势，从而减弱管理者隐瞒坏消息的动机，降低股票崩盘风险。基于此，本文提出如下假设：

假设4：智能制造通过减少资源冗余性来降低企业股票崩盘风险。

（五）合作关系在智能制造与企业股票崩盘风险关系中的传导机理分析

智能制造通过增强合作关系降低股票崩盘风险。智能制造借助人工智能、大数据、移动物联网等先进制造技术，打破企业内部之间，企业上下游之间的信息壁垒，有助于知识在供应链上的流动。一方面，智能制造为企业与上下游之间的合约保驾护航。企业通过建立智能采购平台，有助于深化与供应商的合作交流，维持供应商稳定，保证货源安全。企业通过智能设计、智能生产、智能物流、智能营销和智能服务，为最大限度地提升客户价值，满足客户需求打下了坚实的基础。企业生产运营流程的智能化将是以大批量生产方式满足客户个性化需求的重要手段，对维持客户关系，保障合约正常履行至关重要。另一方面，企业通过平台共建、信息共享等方式，供应商和客户对企业生产运营过程中的个性化信息需求将得到进一步满足，一来供应契约将会得到增强，降低违约风险；二来从认知心理学的视角来看，供应商和客户个性化信息需求得到满足，将会形成积极认知，从而加强与企业的合作。因此，智能制造能够有效增强企业与上下游企业之间的合作关系。

供应链上下游之间合作关系的增强，通过平台共建、信息共享、合作共赢等方式，能够有效提高供应链的可见性、灵活性，以及对市场变化和客户需求变动的反应速度（Scholten and Schilder，2015），从而降低股票崩盘风险。基于此，本文提出如下假设：

假设5：智能制造通过增强合作关系降低企业股票崩盘风险。

（六）供应链韧性在智能制造与企业股票崩盘风险关系中的传导机理分析

智能制造通过提高供应链韧性降低股票崩盘风险。价值链理论认为，企业活动由设计、生产、物流、销售、服务等环节组成，每个环节都是价值创造的过程，价值链是各种价值创造活动的有机组合。通过实现设计阶段最优参数的保存与应用、生产阶段以接近大批量生产的方式完成设计阶段的产品制造过程、物流阶段确保生产阶段的原材料供给和销售阶段的高效配送、销售阶段智能识别目标客户、服务阶段的运维管理与网络协同制造，实现产品后续的持续优化，增强柔性配置水平，使得供应链的灵活性、可见性、敏捷性，以及合作关系得到增强，从而增强了供应链韧性。

随着企业智能化的不断深入，与智能制造相配套的技术体系不断完善，各部门之间的边界、企业之间的边界将被打破，有助于促进相关有用信息在企业内部之间和企业之间的传递与交流，降低了交流成本（李海舰等，2014）。首先，高效率的交流有利于提升员工整体素质和能力。同时，智能制造产生了许多相对复杂的新任务，有利于激起员工的创造力和积极性。其次，智能制造引入人工智能，能够使生产流程智能化，大大降低了对熟练劳动力的依赖，提高了响应客户需求的速度，从而提高客户满意度（Lade et al.，2017）。同时，智能制造有助于深化与供应商的合作，提高货运效率和确保货源稳定。最后，企业发展智能制造是减轻能源消耗压力的有效手段，是环境友好型的一种生产制造方式（Ying et al.，2018），有利于与政府建立某种联系，从而更容易获得政府的关键性资源，如获得政府补助、税收优惠、减少政府监管等。因此，智能制造不仅能够增强内部韧性，增强员工认同感和积极性，而且能增强外部韧性，获取供应商、客户、政府等关键利益相关者的资源支持。

企业供应链韧性的增强是降低股票崩盘风险的关键机制。股票崩盘风险发生的关键在于坏消息的隐瞒（Ge and Zhu，2022），而供应链韧性能有效遏制坏消息的产生，以及管理者隐瞒坏消息的动机。首先，企业供应链韧性的增强，供应链可见性越高，供应链的信息透明度也就越高，越有助于投资者和监管机构行使监管职能，降低崩盘风险。其次，企业供应链韧性越高，企业面对未知风险的应变能力越强，出现断链的可能性更低，产生经营坏消息的数量相对更少，崩盘风险越低。另外，企业供应链韧性越强，链上利益相关者之间的关系更加紧密，为了维系与利益相关者的紧密关系，企业更有动机披露高质量的信息，以满足利益相关者的信息需求，降低崩盘风险。最后，企业供应链韧性越强，企业创造价值的能力也会更强，管理者因业绩压力而隐瞒坏消息的动机将被削弱。因此随着企业供应链韧性的不断增强，企业的股票崩盘风险将逐渐降低。基于此，本文提出如下假设：

假设6：智能制造通过提高供应链韧性降低股票崩盘风险。

四、数据与实证方法

（一）样本选择与数据来源

本文选取2013—2022年作为样本时间范围。数据主要来源：（1）巨潮资讯网。A股制造业上市公司的年报来源于巨潮资讯网，运用Python爬取所得。（2）国泰安数据库。财务数据主要来自国泰安数据库。（3）国家统计局。每个省份的生产总值数据来源于国家统计局。由于不同行业的企业在很多方面都存在较大差异，为了消除行业间的差异，本文将选定一个行业的上市公司作为分析对象，而制造业是智能制造发展的核心行业，适合作为本文重点研究的对象。因此，本文以制造业A股上市公司为研究样本。为了提高研究的有效性，本文按照如下原则筛选数据：（1）剔除数据缺失的上市公司。（2）剔除被ST的上市公司。（3）删除资产负债率大于1的上市公司。我们对于不符合以上三个原则之一的企业予以剔除，通过对初始数据的检查和筛选，有2 468家制造业上市公司符合条件，共9 634个观测值。为了降低极端值的影响，对所有微观层面连续变量采用1%的Winsorize处理。

（二）变量定义和数据描述

1.被解释变量

股票崩盘风险（Crashrisk）。借鉴Wu和Lai（2020）的相关研究，采用体现股价波动性差异的负收益偏态系数（Nsckew）和收益率上下波动比率（Duvol）衡量上市公司的股价崩盘风险。Nsckewit和Duvolit数值越大，上市公司的股价崩盘风险越高。

2.核心解释变量

智能制造（IM）。智能制造的衡量方法尚处于探索阶段，大部分文献都是通过上市公司年报中“经营情况讨论与分析”部分进行文本信息提取，从而对智能制造进行刻画，本文也使用了这一思路，原因是：（1）由于智能制造是一个新事物，用来刻画企业智能制造水平的相关信息元素并未形成相对统一的标准；（2）企业智能制造的相关信息并非强制性披露信息，即使有些企业通过其他渠道披露了一些关于智能制造的信息，但企业间的可比性较差；（3）年报的“经营情况讨论与分析”是对企业生产经营状况的总体描述，涵盖了生产、经营、运营模式、成本与财务、投融资、战略、发展趋势、经营计划等，其中包含了关于企业生产运营模式和企业制造模式的描述。并且，“经营情况讨论与分析”在各企业之间具有很好的可比性和相对完整性。所以，就目前的研究条件而言，通过对年报“经营情况讨论与分析”

部分进行文本挖掘的方法来刻画企业智能制造水平是相对科学而可行的方法。仅采用机器学习的文本挖掘法对上市公司年报的信息进行提取，可能会忽视掉相关权威文献和政策文件对智能制造的指导意义，导致对智能制造衡量的不准确和不全面。因此，借鉴Yu等（2020）、吴非等（2021）、温素彬（2022）的研究，本文主要从学术文献、相关政策文件、上市公司年报等三个方面选取与智能制造相关的关键词，并针对智能制造的内涵，确定智能制造的衡量维度，使智能制造的衡量更为准确和全面。智能制造是大数据、互联网、人工智能等多项技术的深度融合，贯穿设计、生产、物流、销售、服务等价值链各个环节的新型生产方式，因此，在关键词的选取上，可从人工智能技术、互联网技术、大数据技术、价值链智造技术四个维度入手。在学术文献上，借鉴Yu等（2020）、吴非等（2021）、温素彬（2022）的研究，初步选取有关人工智能技术、大数据技术、互联网技术、价值链智造技术的特定关键词；在重要政策文件和研究报告的借鉴上，本文以《中国制造2025》、《智能制造发展规划（2016—2020年）》、近年《政府工作报告》为蓝本，进一步扩充了与人工智能技术、互联网技术、大数据技术、价值链智造技术有关的特征词库；在上市公司年报上，主要从以下三个方面完成关键词的进一步扩充：（1）运用Python爬取巨潮资讯网的上市公司年报，提取年报中的"管理层讨论与分析（MD&A）"部分，并运用Python自带的jieba分词库对MD&A文本进行分词；（2）将相关政策文件和权威文献中与智能化相关的词语提取出来，构建一个自定义词典，并将自定义词典添加到jieba分词库中，运用拓展后的词典对文本进行分词；（3）运用word2vec词袋模型对分好词的文本进行相关词提取，同时结合人工筛选的方式，选取与人工智能技术、互联网技术、大数据技术、价值链智造技术相关的关键词组合。结合学术文献、相关政策文件和上市公司年报，最终确定与人工智能技术、互联网技术、大数据技术、价值链智造技术相关的特征词库，将这些特征词库汇总能够较好地衡量企业的智能制造水平。具体的特征词库见表1。

表1 **智能制造的结构化特征词汇总**

指标	衡量维度	特征词
智能制造	人工智能技术	人工智能、智能制造、智慧制造、主动制造、智能化转型、商业智能、图像理解、智能数据分析、智能机器人、制造执行系统、智造、机器学习、深度学习、一体化、无人化、人机交互、生物识别技术、人脸识别、智能终端、语音识别
	互联网技术	工业互联网、移动互联网、电子商务、移动支付、云计算、亿级并发、物联网、信息物理系统、网络物理系统、EB级存储、云制造
	大数据技术	大数据、数据挖掘、数据可视化、虚拟现实、产业数字化、数据驱动、异构数据、数据孪生、文本挖掘、混合现实

续表

指标	衡量维度	特征词
	价值链智造技术	计划调度、生产执行、设备运维、智能仓储、智能配送、网络协同、智能营销、智能客服、智能家居、智能穿戴、智能农业、智能医疗、智能交通、智能投顾、智能文旅、智能环保、智能电网

在确定与智能制造相关的关键词组合的基础上，考虑到不同上市公司年报MD&A部分的篇幅存在较大差异，本文将通过以下几个步骤对智能制造进行测算：(1) 计算样本公司的关键词组合词频数与样本公司总词数的比重；(2) 计算样本公司所占比重与同年份同行业样本公司总比重的比值；(3) 将该比值乘以100来衡量样本公司的智能制造水平。若样本公司年报没有出现关键词，则样本公司当年智能制造赋值为0。考虑到若将制造业按照证监会2012年的划分标准划分为29个细分行业，那么会出现某些行业样本公司过少，导致该类行业样本公司的智能制造水平被严重高估。因此，本文以《中国统计年鉴》对轻重工业的定义为依据，将制造业划分为提供消费资料的轻工业、提供生产资料的重工业、其他工业三大类。

3. 中介变量

供应链韧性（Resilience）。参照Qader等（2022）的做法，从灵活性、敏捷性、可见性、资源冗余性和合作关系五个维度衡量上市公司的供应链韧性。上市公司的供应链韧性水平由灵活性、敏捷性、可见性、资源冗余性和合作关系加总所得。具体指标构建见表2。

表2 供应链韧性的评价指标体系

变量名称	维度	指标	说明
供应链韧性	灵活性	总资产周转率	营业收入/平均总资产
		应收账款周转率	营业收入/平均应收账款
	敏捷性 可见性	人力资本	采用劳动力平均受教育年限衡量企业的人力资本
		创新产出	当年专利申请数的自然对数
		创新投入	研发支出/营业收入
	资源冗余性	沉淀性冗余资源	期间费用/营业收入
		非沉淀性冗余资源	流动资产/流动负债
	合作关系	供应链集中度	供应商和客户的赫芬达尔指数

4. 控制变量

参考高震男等（2023）、吴世农等（2023）的研究，本文控制了公司规模

(Size)、上市年限（Age)、产权性质（SOE)、股权赫芬达尔指数（HHI)、总资产净利润率（Roa)、资产负债率（Lev)、劳动收入份额（Ls)、董事会规模（BSize)、两职合一（Dual)、每股收益（Eps)、机构投资者规模（Qrgan)、平均日换手率(Dturn)、特有周收益率均值（Ret)、地区宏观经济环境（GDP）对企业股票崩盘风险的影响。变量定义见表3。

表3 智能制造与股票崩盘风险的变量定义

变量类别	变量名称	变量简称	说明
被解释变量	负收益偏态系数	Nsckew	公司特有周收益率的三阶中心矩与其标准差的三次方的比值
	收益率上下波动比率	Duvol	下行周标准差与上行周标准差比值的自然对数
解释变量	智能制造	IM	采用文本挖掘法计算所得
中介变量	灵活性	Flexibility	由总资产周转率和应收账款周转率加总所得
	敏捷性、可见性	Agility	由人力资本、创新产出和创新投入加总所得
	资源冗余性	Resource	由沉淀性冗余资源和非沉淀性冗余资源加总所得
	合作关系	Relationship	供应商和客户的赫芬达尔指数
	供应链韧性	Resilience	灵活性、敏捷性、可见性、资源冗余性和合作关系加总所得
控制变量	公司规模	Size	总资产的自然对数
	上市年限	Age	公司上市年数加一的自然对数
	产权性质	SOE	企业实际控制人为国有时赋值1，否则赋值0
	股权赫芬达尔指数	HHI	前十大股东持股比例的平方和
	总资产净利润率	Roa	净利润与平均总资产的比值
	资产负债率	Lev	总负债与总资产的比值
	劳动收入份额	Ls	支付给职工以及为职工支付的现金与营业收入的比值
	董事会规模	BSize	董事会人数
	两职合一	Dual	董事长与总经理两职合一时赋值为1，否则赋值为0

续表

变量类别	变量名称	变量简称	说明
控制变量	每股收益	Eps	净利润与期末总股本的比值
	机构投资者规模	Organ	机构投资者的自然对数
	平均日换手率	Dturn	股票日平均转手买卖的频率
	特有周收益率均值	Ret	股票特有周收益率的平均值
	地区宏观经济环境	GDP	企业总部所在省份当年GDP总量的自然对数

5.模型设定

为了提升研究的可信度，参照江艇（2022）的做法，设计了如下的计量模型。

$$Nsckew_{it} = \beta_0 + \beta_1 IM_{it} + \gamma controls_{it} + \mu_t + \phi_q + \varepsilon_{it} \quad (1)$$

$$Duvol_{it} = \beta_0 + \beta_1 IM_{it} + \gamma controls_{it} + \mu_t + \phi_q + \varepsilon_{it} \quad (2)$$

$$Flexibility_{it} = \beta_0 + \beta_1 IM_{it} + \gamma controls_{it} + \mu_t + \phi_q + \varepsilon_{it} \quad (3)$$

$$Agility_{it} = \beta_0 + \beta_1 IM_{it} + \gamma controls_{it} + \mu_t + \phi_q + \varepsilon_{it} \quad (4)$$

$$Resource_{it} = \beta_0 + \beta_1 IM_{it} + \gamma controls_{it} + \mu_t + \phi_q + \varepsilon_{it} \quad (5)$$

$$Relationship_{it} = \beta_0 + \beta_1 IM_{it} + \gamma controls_{it} + \mu_t + \phi_q + \varepsilon_{it} \quad (6)$$

$$Resilience_{it} = \beta_0 + \beta_1 IM_{it} + \gamma controls_{it} + \mu_t + \phi_q + \varepsilon_{it} \quad (7)$$

其中，i和t分别代表制造业上市公司和年份，Nsckew表示负收益偏态系数，Duvol表示收益率上下波动比率，Flexibility表示灵活性，Agility表示敏捷性和可见性，Resource表示资源冗余性，Relationship表示合作关系，Resilience表示供应链韧性，controls是一系列控制变量。为了减轻异方差的影响，在所有回归方程中，均默认采用了稳健标准误调整的t统计量，此外，本文还控制了年份（μ）、行业（ϕ_q）的虚拟变量，以尽可能地吸收固定效应。

五、实证结果及分析

（一）描述性统计

表4是样本变量的描述性统计。见表4，样本公司的股票崩盘风险变量Ncskew和Duvol的平均值与现有研究相近。样本公司的智能制造变量IM的最小值为0，表明存在公司在管理层讨论与分析（MD&A）部分没有涉及与智能制造相关的描述。变量间相关系数最大值不超过0.6，且变量最大的VIF值为2.88，远小于10，故不必担心多重共线性问题（陈强，2010）。

表4 变量的描述性统计

变量	样本量	平均值	标准差	最小值	中位数	最大值
Ncskew	9 634	−0.436	0.738	−2.709	−0.379	1.610
Duvol	9 634	−0.300	0.471	−1.459	−0.303	0.913
IM	9 634	0.200	0.336	0.000	0.073	1.935
Size	9 634	22.110	1.130	20.070	21.970	25.560
Age	9 634	2.116	0.730	0.693	2.197	3.466
SOE	9 634	0.246	0.431	0.000	0.000	1.000
HHI	9 634	0.145	0.101	0.015	0.118	0.493
Roa	9 634	0.044	0.064	−0.200	0.043	0.227
Lev	9 634	0.392	0.184	0.059	0.387	0.840
Ls	9 634	0.137	0.072	0.019	0.126	0.378
BSize	9 634	8.344	1.570	4.000	9.000	18.000
Dual	9 634	0.334	0.472	0.000	0.000	1.000
Eps	9 634	0.438	0.696	−1.390	0.297	3.560
Organ	9 634	39.760	24.640	0.162	40.300	89.670
Dturn	9 634	2.549	1.939	0.333	1.973	10.150
Ret	9 634	−0.001	0.001	−0.006	−0.001	0.000
GDP	9 634	10.770	0.742	6.704	10.900	11.770

（二）智能制造影响企业股票崩盘风险的平均效应

表5是平均效应检验的估计结果。从表5中的（1）列、（3）列可知，在不控制年份固定效应和行业固定效应的前提下，IM的系数在5%的水平上显著为负；从表5中的（2）列、（4）列可知，进一步控制年份固定效应和行业固定效应后，IM的系数在1%的水平上显著为负。表明智能制造与企业股票崩盘风险之间确实存在显著负相关关系，智能制造会抑制企业股票崩盘风险的发生。智能制造借助大数据、人工智能等先进技术，实现生产运营流程的智能化，能够有效降低信息不对称性、提高信息透明度，以及减少管理者隐瞒坏消息的动机，进而降低股票崩盘风险（宗庆莹等，2023）。假设1得到支持。

表5 智能制造影响企业股票崩盘风险的平均效应检验

被解释变量	Ncskew		Duvol	
	(1)	(2)	(3)	(4)
IM	−0.046**	−0.072***	−0.031**	−0.039***
	(−2.024)	(−3.069)	(−2.148)	(−2.604)
Size	0.033***	0.025**	0.016**	0.010
	(3.263)	(2.500)	(2.400)	(1.587)
Age	−0.049***	−0.054***	−0.036***	−0.038***
	(−3.410)	(−3.787)	(−3.936)	(−4.226)
SOE	−0.094***	−0.090***	−0.060***	−0.057***
	(−4.462)	(−4.327)	(−4.448)	(−4.338)
HHI	−0.419***	−0.412***	−0.262***	−0.255***
	(−4.867)	(−4.862)	(−4.746)	(−4.687)
Roa	−0.149	−0.147	−0.258**	−0.240*
	(−0.750)	(−0.746)	(−1.982)	(−1.858)
Lev	−0.141***	−0.086	−0.091***	−0.062*
	(−2.628)	(−1.610)	(−2.649)	(−1.810)
Ls	0.317***	0.352***	0.206***	0.213***
	(2.699)	(2.904)	(2.821)	(2.818)
BSize	−0.009*	−0.009*	−0.007**	−0.007**
	(−1.855)	(−1.876)	(−2.100)	(−2.006)
Dual	0.022	0.021	0.009	0.008
	(1.300)	(1.257)	(0.883)	(0.798)
Eps	0.096***	0.102***	0.073***	0.074***
	(5.955)	(6.348)	(6.429)	(6.619)
Organ	0.001**	0.001***	0.001**	0.001**
	(2.510)	(2.690)	(2.065)	(2.374)

续表

被解释变量	Ncskew		Duvol	
	(1)	(2)	(3)	(4)
Dturn	-0.008	-0.007	-0.008***	-0.006**
	(-1.492)	(-1.291)	(-2.599)	(-2.023)
Ret	98.288***	117.933***	54.521***	67.266***
	(10.194)	(11.762)	(9.530)	(11.288)
GDP	0.013	0.012	0.008	0.003
	(1.243)	(1.063)	(1.161)	(0.473)
时间固定效应		控制		控制
行业固定效应		控制		控制
常数项	-0.938***	-0.785***	-0.475***	-0.337**
	(-4.049)	(-3.242)	(-3.145)	(-2.154)
观测值	9 634	9 634	9 634	9 634
调整 R^2	0.041	0.065	0.038	0.064

注：表格中括号内的数字为t值；***、**、*分别表示显著性水平为1%、5%、10%，并使用了稳健标准误，以下各表同。

（三）基于供应链韧性视角的中介效应检验

需要说明的是，近期不少文献对中介效应模型提出了批评（江艇，2022），但主要批评的是缺乏理论机制分析作为基础的中介效应模型（毛捷等，2022）。本文借鉴江艇（2022）的研究，对中介效应进行检验。

表6是中介效应检验的回归结果。从表6中的（1）列~（5）列可知，IM的系数均在1%的水平上显著，表明智能制造能够通过增强供应链灵活性、增强供应链敏捷性和可见性、降低资源冗余性、增强供应链合作关系、增强供应链韧性，进而降低企业股票崩盘风险。假设2至假设6得到支持。

表6　智能制造影响企业股票崩盘风险的中介效应检验

被解释变量	Flexibility	Agility	Resource	Relationship	Resilience
	(1)	(2)	(3)	(4)	(5)
IM	0.006***	0.010***	-0.005***	0.019***	0.032***
	(4.979)	(3.991)	(-6.878)	(4.594)	(5.834)

续表

被解释变量	Flexibility	Agility	Resource	Relationship	Resilience
	(1)	(2)	(3)	(4)	(5)
Size	-0.007***	0.015***	-0.000	0.056***	0.065***
	(-13.179)	(13.196)	(-0.154)	(26.502)	(24.937)
Age	0.005***	-0.009***	0.001	0.016***	0.011***
	(5.881)	(-5 549)	(1.115)	(5.136)	(2.971)
SOE	0.005***	0.022***	-0.006***	-0.018***	0.002
	(4.317)	(9.926)	(-8.837)	(-4.242)	(0.382)
HHI	0.034***	-0.091***	-0.007**	0.019	-0.049**
	(7.700)	(-10.189)	(-2.428)	(0.992)	(-2.202)
Roa	0.144***	0.034	-0.053***	0.304***	0.382***
	(14.672)	(1.504)	(-6.242)	(7.202)	(7.588)
Lev	0.065***	-0.074***	-0.062***	0.076***	-0.003
	(24.614)	(-12.850)	(-29.442)	(6.723)	(-0.211)
Ls	-0.219***	0.363***	0.180***	0.475***	0.796***
	(-32.389)	(25.025)	(37.391)	(17.814)	(23.680)
BSize	-0.000	-0.002***	-0.000**	0.003***	0.000
	(-0.191)	(-4.030)	(-2.097)	(3.179)	(0.102)
Dual	-0.002**	0.005***	0.001**	0.005	0.009**
	(-2.118)	(2.876)	(2.077)	(1.627)	(2.464)
Eps	0.004***	0.003	0.002***	-0.007	0.005
	(4.028)	(1.559)	(3.294)	(-1.643)	(1.113)
Organ	0.000***	-0.000	-0.000**	-0.001***	-0.001***
	(4.474)	(-0.412)	(-2.185)	(-7.756)	(-6.010)
Dturn	-0.000	-0.003***	-0.001***	-0.002**	-0.007***
	(-0.974)	(-6.830)	(-4.291)	(-2.429)	(-5.857)

续表

被解释变量	Flexibility	Agility	Resource	Relationship	Resilience
	(1)	(2)	(3)	(4)	(5)
Ret	0.984**	-5.630***	-1.450***	5.432***	-0.770
	(2.471)	(-6.618)	(-4.985)	(3.367)	(-0.386)
GDP	0.006***	-0.011***	-0.006***	0.003	-0.010***
	(10.716)	(-8.771)	(-14.443)	(1.311)	(-3.748)
时间固定效应	控制	控制	控制	控制	控制
行业固定效应	控制	控制	控制	控制	控制
常数项	0.172***	-0.128***	0.156***	-0.546***	-0.344***
	(13.660)	(-4.857)	(18.588)	(-10.947)	(-5.506)
观测值	9 634	9 634	9 634	9 634	9 634
调整 R^2	0.312	0.205	0.459	0.230	0.212

（四）智能制造对企业股票崩盘风险的异质性检验

前文的实证结果表明智能制造与企业股票崩盘风险存在显著负相关关系。需要进一步指出的是，一方面，智能制造是抢占新技术制高点的重要手段，受到政府的高度重视和支持（国务院发展研究中心，2013），政府也很可能会对企业进行干预，从而可能导致智能制造对股票崩盘风险的影响在不同类型企业中表现出异质性（王艳等，2020）。另一方面，智能制造相关技术的建设需要耗费大量的资源，对小企业而言存在更大的转型风险。相较于小企业而言，大企业拥有的资源更多，智能制造的配套技术更容易构建起来。同时，城市层面也会表现出异质性，属于低碳试点城市的企业面临的环境压力更大，转型更为迫切，有可能对企业智能制造布局产生影响。因此，智能制造与企业股票崩盘风险的关系可能在不同类型的企业、不同规模的企业和不同城市的企业中表现出异质性。基于此，本文分别从公司层面和城市层面出发，运用分组回归方法考察智能制造影响企业股票崩盘风险的横截面差异。具体见表7和表8。

1.基于产权性质视角的检验

表7和表8中的（1）列和（2）列是对产权性质分组的回归结果，其中（1）列是非国有企业的回归结果，（2）列是国有企业的回归结果。从表7和表8的（1）列和（2）列可知，不管是在非国有企业组，还是在国有企业组，IM的系数均显著为

表7 智能制造影响企业股票崩盘风险（Nsckew）的异质性检验

被解释变量	Nsckew					
	(1)	(2)	(3)	(4)	(5)	(6)
IM	−0.071***	−0.093*	−0.035	−0.104***	−0.095***	−0.043
	(−2.718)	(−1.670)	(−0.984)	(−3.300)	(−2.803)	(−1.322)
Size	0.047***	−0.025	0.002	0.019	0.009	0.040***
	(3.848)	(−1.321)	(0.059)	(1.219)	(0.616)	(2.909)
Age	−0.082***	0.005	−0.064***	−0.063***	−0.049**	−0.066***
	(−4.860)	(0.156)	(−2.950)	(−3.182)	(−2.306)	(−3.323)
SOE			−0.128***	−0.045*	−0.075**	−0.106***
			(−3.660)	(−1.746)	(−2.550)	(−3.538)
HHI	−0.454***	−0.526***	−0.359***	−0.419***	−0.570***	−0.267**
	(−4.561)	(−2.805)	(−2.786)	(−3.699)	(−4.439)	(−2.352)
Roa	−0.048	−0.334	−0.140	0.053	−0.389	0.063
	(−0.215)	(−0.775)	(−0.483)	(0.187)	(−1.337)	(0.233)
Lev	−0.130**	0.075	−0.058	−0.079	−0.102	−0.071
	(−2.060)	(0.720)	(−0.755)	(−1.037)	(−1.321)	(−0.943)
Ls	0.399***	0.067	0.281*	0.386**	0.177	0.509***
	(2.865)	(0.271)	(1.683)	(2.165)	(0.988)	(3.022)
BSize	−0.007	−0.011	−0.005	−0.012*	−0.011	−0.008
	(−1.161)	(−1.250)	(−0.637)	(−1.822)	(−1.411)	(−1.197)
Dual	0.014	0.077*	0.001	0.044*	0.051**	−0.006
	(0.817)	(1.666)	(0.031)	(1.920)	(2.151)	(−0.264)
Eps	0.070***	0.145***	0.063*	0.097***	0.117***	0.090***
	(3.628)	(4.678)	(1.923)	(5.021)	(4.313)	(4.144)
Organ	0.001*	0.005***	0.001*	0.001*	0.001**	0.001
	(1.839)	(3.773)	(1.809)	(1.795)	(2.455)	(1.464)

续表

被解释变量	Nsckew					
	(1)	(2)	(3)	(4)	(5)	(6)
Dturn	−0.014**	0.036***	−0.005	−0.008	−0.004	−0.010
	(−2.520)	(2.932)	(−0.812)	(−0.905)	(−0.591)	(−1.349)
Ret	99.515***	197.850***	138.720***	96.345***	102.677***	131.758***
	(8.835)	(8.657)	(9.816)	(6.552)	(6.860)	(9.780)
GDP	0.014	0.005	−0.006	0.025	0.002	0.017
	(1.034)	(0.221)	(−0.333)	(1.644)	(0.134)	(1.021)
时间固定效应	控制	控制	控制	控制	控制	控制
行业固定效应	控制	控制	控制	控制	控制	控制
常数项	−1.212***	−0.067	−0.107	−0.765**	−0.292	−1.205***
	(−4.094)	(−0.155)	(−0.187)	(−2.052)	(−0.827)	(−3.554)
观测值	7 262	2 372	4 817	4 817	4 720	4 914
调整 R^2	0.055	0.098	0.061	0.083	0.056	0.075

表8 **智能制造影响企业股票崩盘风险（Duvol）的异质性检验**

被解释变量	Duvol					
	(1)	(2)	(3)	(4)	(5)	(6)
IM	−0.217***	−0.191***	−0.004	−0.068***	−0.060***	−0.017
	(−9.381)	(−5.215)	(−0.198)	(−3.349)	(−2.757)	(−0.789)
Size	0.065***	0.097***	−0.016	0.011	0.001	0.019**
	(5.107)	(4.613)	(−0.977)	(1.100)	(0.154)	(2.092)
Age	0.482***	0.521***	−0.039***	−0.053***	−0.030**	−0.049***
	(107.069)	(80.449)	(−2.904)	(−4.117)	(−2.263)	(−3.788)
SOE	−0.000	−0.005***	−0.089***	−0.023	−0.046**	−0.073***
	(−0.149)	(−5.329)	(−4.141)	(−1.339)	(−2.521)	(−3.769)

续表

被解释变量	Duvol					
	(1)	(2)	(3)	(4)	(5)	(6)
HHI	0.015**	-0.033***	-0.222***	-0.274***	-0.346***	-0.161**
	(2.426)	(-2.743)	(-2.769)	(-3.680)	(-4.352)	(-2.148)
Roa	-0.007	-0.085	-0.106	-0.146	-0.364*	-0.127
	(-0.167)	(-1.449)	(-0.579)	(-0.751)	(-1.914)	(-0.724)
Lev	0.294***	0.375***	-0.017	-0.078	-0.080*	-0.044
	(3.960)	(2.870)	(-0.364)	(-1.569)	(-1.658)	(-0.913)
Ls	0.017	0.026	0.145	0.245**	0.123	0.279***
	(0.638)	(0.723)	(1.414)	(2.164)	(1.109)	(2.639)
BSize	0.022***	0.028***	-0.004	-0.008*	-0.008	-0.005
	(15.090)	(11.485)	(-0.870)	(-1.737)	(-1.611)	(-1.119)
Dual	0.033***	0.027***	-0.004	0.021	0.029*	-0.010
	(30.448)	(18.318)	(-0.254)	(1.374)	(1.957)	(-0.702)
Eps	-0.013***	-0.014***	0.027	0.075***	0.081***	0.066***
	(-5.150)	(-4.044)	(1.294)	(5.389)	(4.994)	(4.290)
Organ	0.047***	0.074***	0.000	0.001*	0.001**	0.000
	(3.740)	(3.174)	(1.387)	(1.752)	(2.035)	(1.410)
Dturn	0.057***	-0.018	-0.003	-0.014**	-0.005	-0.008*
	(2.843)	(-0.595)	(-0.681)	(-2.314)	(-1.116)	(-1.740)
Ret	-0.017***	-0.020***	81.653***	51.013***	57.924***	76.380***
	(-5.537)	(-6.191)	(10.024)	(5.594)	(5.552)	(9.461)
GDP	-0.006	-0.004	-0.010	0.013	0.005	-0.002
	(-0.918)	(-0.258)	(-0.983)	(1.344)	(0.534)	(-0.144)
时间固定效应	控制	控制	控制	控制	控制	控制
行业固定效应	控制	控制	控制	控制	控制	控制

续表

被解释变量	Duvol					
	(1)	(2)	(3)	(4)	(5)	(6)
常数项	−0.607***	0.149	−0.047	−0.071*	−0.121	−0.527**
	(−3.208)	(0.514)	(−1.003)	(−1.726)	(−0.542)	(−2.378)
观测值	7 262	2 372	0.042	0.068	4 720	4 914
调整 R^2	0.052	0.097	0.054	0.092	0.058	0.071

正，且似无相关检验结果显示二者之间不存在显著差异，表明非国有企业和国有企业实施智能制造均能降低股票崩盘风险。

2.基于公司规模视角的检验

企业资本会随着规模扩张而不断积累，从而影响企业的智能制造布局（周黎安等，2007）。因此，本文进一步考察了公司规模对智能制造与企业股票崩盘风险关系的影响。借鉴谢凡等（2016）的做法，当公司总资产高（低）于所属样本中位数时，本文将其归为规模较大（小）的公司。表7和表8中的（3）列是规模较小组的回归结果，（4）列是规模较大组的回归结果。从表7和表8的（3）列和（4）列可知，在规模较小组中，IM的系数不显著，在规模较大组中，IM的系数均在1%的水平上显著为正，表明智能制造抵御风险效应需要一定的资本支持。企业主要通过研发和购买两种方式完成智能化转型相关技术的配套（孙早、侯玉琳，2021）。不管是通过自行研发相关技术，还是直接购买相关技术，都离不开资源的耗费和人力资本的支持。规模较大的企业拥有更多的资本，布局智能制造相关领域相对容易成功。因此，公司规模是影响智能制造与股票崩盘风险关系的重要因素。

3.基于是否试点城市视角的检验

在低碳试点城市中的企业进行智能化转型更为迫切，有可能会对企业智能制造布局造成干扰，因此，本文进一步考察了不同城市的企业智能制造与股票崩盘风险的异质性关系。表7和表8中的（5）列是非低碳试点城市组的回归结果，（6）列是低碳试点城市组的回归结果。从表7和表8的（5）列和（6）列可知，在非低碳试点城市组中，IM的系数均在1%的水平上显著为正。在低碳试点城市组中，IM的系数不显著，表明智能制造降低企业股票崩盘风险仅在非低碳试点城市中成立。该研究结果显示，低碳试点城市中的企业面临更大的转型压力，有可能会打乱其正常布局智能制造战略，造成资源浪费，从而丧失对降低股票崩盘风险的积极作用。

（五）稳健性检验

表9是稳健性检验的回归结果，其中（1）列和（4）列是替换自变量的稳健性检验，（2）列和（5）列是改变样本区间的稳健性检验，（3）列和（6）列是考虑疫情影响的稳健性检验。表10是考虑内生性问题的回归结果，其中（1）列和（4）列是对解释变量进行滞后处理的回归结果，（2）列和（5）列是采用工具变量法的第二阶段回归结果，（3）列和（6）列是采用heckman两阶段模型的回归结果。

表9　智能制造影响企业股票崩盘风险的稳健性检验

被解释变量	Nsckew			Duvol		
	（1）	（2）	（3）	（4）	（5）	（6）
IM		-0.074^{***}	-0.064^{**}		-0.042^{**}	-0.032^{*}
		（−2.695）	（−2.369）		（−2.385）	（−1.852）
Exposure	-0.001^{**}			-0.000^{*}		
	（−2.381）			（−1.921）		
Size	0.009	0.046^{***}	0.012	−0.003	0.025^{***}	0.001
	（0.528）	（4.087）	（0.801）	（−0.261）	（3.509）	（0.082）
Age	-0.068^{**}	-0.056^{***}	-0.080^{***}	-0.057^{***}	-0.038^{***}	-0.057^{***}
	（−2.510）	（−3.537）	（−3.860）	（−3.346）	（−3.798）	（−4.339）
SOE	-0.081^{**}	-0.084^{***}	-0.098^{***}	-0.049^{**}	-0.053^{***}	-0.063^{***}
	（−2.553）	（−3.575）	（−3.423）	（−2.400）	（−3.526）	（−3.457）
HHI	-0.331^{**}	-0.374^{***}	-0.395^{***}	-0.235^{***}	-0.223^{***}	-0.264^{***}
	（−2.519）	（−3.837）	（−3.451）	（−2.772）	（−3.614）	（−3.563）
Roa	-0.780^{**}	−0.191	−0.439	-0.753^{***}	-0.304^{**}	-0.518^{***}
	（−2.290）	（−0.896）	（−1.516）	（−3.368）	（−2.190）	（−2.732）
Lev	−0.139	−0.078	-0.127^{*}	-0.119^{**}	−0.061	-0.109^{**}
	（−1.616）	（−1.289）	（−1.745）	（−2.147）	（−1.588）	（−2.341）
Ls	0.364^{*}	0.322^{**}	0.372^{**}	0.206	0.200^{**}	0.166
	（1.766）	（2.426）	（2.205）	（1.566）	（2.448）	（1.557）

续表

被解释变量	Nsckew			Duvol		
	(1)	(2)	(3)	(4)	(5)	(6)
BSize	0.001	−0.012**	−0.003	−0.002	−0.007*	−0.003
	(0.176)	(−2.094)	(−0.408)	(−0.304)	(−1.782)	(−0.770)
Dual	0.039	0.020	0.028	0.022	0.006	0.020
	(1.422)	(1.104)	(1.256)	(1.262)	(0.475)	(1.375)
Eps	0.179***	0.087***	0.132***	0.142***	0.066***	0.111***
	(5.457)	(5.115)	(4.963)	(6.200)	(5.631)	(5.966)
Organ	0.000	0.001***	0.001*	0.000	0.001**	0.001*
	(0.195)	(2.777)	(1.872)	(0.591)	(2.112)	(1.740)
Dturn	−0.008	−0.005	−0.014**	−0.009	−0.006*	−0.015***
	(−0.947)	(−0.950)	(−2.023)	(−1.601)	(−1.704)	(−3.330)
Ret	129.638***	105.926***	119.995***	68.482***	61.940***	61.972***
	(6.745)	(10.056)	(7.287)	(6.057)	(9.773)	(6.341)
GDP	0.006	0.020	0.004	−0.004	0.009	−0.005
	(0.342)	(1.569)	(0.231)	(−0.383)	(1.133)	(−0.549)
时间固定效应	控制	控制	控制	控制	控制	控制
行业固定效应	控制	控制	控制	控制	控制	控制
常数项	−0.463	−0.939***	−0.400	−0.010	−0.514***	−0.025
	(−1.171)	(−3.391)	(−1.168)	(−0.039)	(−2.873)	(−0.113)
观测值	3 981	7 823	5 377	3 981	7 823	5 377
调整 R^2	0.077	0.060	0.073	0.081	0.061	0.078

1.替换自变量的稳健性检验

借鉴王永钦和董雯（2020）的做法，采用上市公司工业机器人渗透率作为智能制造的替代变量。从表9的（1）列和（4）列可知，IM的系数均显著为负，符合本文的预期，表明智能制造能够降低企业股票崩盘风险，与主回归结果一致，本文研究较为稳健。

2.改变样本区间的稳健性检验

自国务院于2015年提出《中国制造2025》以来，我国制造业的智能化水平有了长足发展，因此，本文选取2015—2022年作为样本时间范围，以此检验结果的稳健性。从表9的（2）列和（5）列可知，IM的系数均显著为负，与主回归结果一致，本文研究较为稳健。

3.考虑疫情影响的稳健性检验

新冠疫情背景下，企业的供应链断链风险和股票崩盘风险都会受到重大影响，因此，本文选取2013—2019年作为样本时间范围，以此检验结果的稳健性。从表9的（3）列和（6）列可知，IM系数均显著为负，表明智能制造能够降低企业股票崩盘风险，本文研究较为稳健。

4.内生性问题的稳健性检验

（1）解释变量的滞后处理

考虑到智能制造对企业运营效率的影响可能存在时滞效应，借鉴田国强和李双建（2020）的研究，本文将回归模型中的智能制造变量替换为滞后一期，以此检验结果的稳健性。从表10的（1）列和（4）列可知，IM滞后一期的系数均显著为负，与主回归结果一致，本文研究较为稳健。

（2）工具变量法

本文旨在研究智能制造对企业股票崩盘风险的影响，但崩盘风险越低，意味着企业安全水平越高，从而有助于智能制造战略的落实，因此，二者之间可能存在反向因果的关系。借鉴黄群慧等（2019）、温素彬等（2022）的研究，本文选取滞后一期的全国互联网上网人数与1984年各地级市每万人固定电话数量的交乘项作为当期智能制造水平的工具变量。在企业所在地以往发展过程中使用的通信方式会从技术水平、社会偏好等方面影响样本公司对智能制造的应用和接受程度，从而满足相关性条件；通信方式主要是为民众提供便捷的通信服务，并不直接影响企业股票崩盘风险，满足外生性条件。同时，借鉴焦然等（2020）的研究，将滞后一期的智能制造也作为当期智能制造水平的工具变量。表10中的（2）列和（5）列是第二阶段的估计结果，如（2）列和（5）列所示，Kleibergen-Paap rk LM统计量在1%的水平上显著，工具变量并不存在识别不足问题；Cragg-Donald Wald F统计量大于Stock-Yogo弱工具变量识别F检验在5%显著性水平上的临界值，拒绝弱工具变量的原假设。（2）列和（5）列中IM的系数均显著为负，符合本文的预期，与主回归结果一致，本文的研究结论较为稳健。

（3）消除自选择偏误：基于Heckman两阶段模型的检验

表10中的（3）列和（6）列是采用Heckman两阶段模型的估计结果，如（3）列和（6）列所示，IMR的系数均显著为正，且IM的系数均在5%的水平上显著为负，与主回归结果一致，本文的研究结论较为稳健。

表10　　　　智能制造影响企业股票崩盘风险的内生性处理

被解释变量	Nsckew			Duvol		
	(1)	(2)	(3)	(4)	(5)	(6)
IM		-0.086*	-0.061**		-0.057*	-0.035**
		(-1.888)	(-2.552)		(-1.924)	(-2.281)
L1.IM	-0.051*			-0.035*		
	(-1.754)			(-1.860)		
Size	0.034**	0.042***	0.057***	0.013	0.018**	0.023**
	(2.544)	(2.964)	(4.133)	(1.558)	(1.968)	(2.568)
Age	-0.069***	-0.077***	-0.067***	-0.041***	-0.044***	-0.043***
	(-3.372)	(-3.640)	(-4.527)	(-3.141)	(-3.210)	(-4.626)
SOE	-0.080***	-0.079***	-0.106***	-0.060***	-0.059***	-0.064***
	(-2.969)	(-2.766)	(-4.980)	(-3.470)	(-3.243)	(-4.689)
HHI	-0.325***	-0.341***	-0.388***	-0.212***	-0.217***	-0.245***
	(-2.782)	(-2.747)	(-4.557)	(-2.827)	(-2.690)	(-4.491)
Roa	-0.090	0.031	-0.093	-0.227	-0.122	-0.218*
	(-0.360)	(0.118)	(-0.468)	(-1.360)	(-0.695)	(-1.686)
Lev	-0.149**	-0.130*	-0.083	-0.095**	-0.086*	-0.060*
	(-2.054)	(-1.713)	(-1.543)	(-2.056)	(-1.761)	(-1.768)
Ls	0.397**	0.520***	0.592***	0.241**	0.310***	0.308***
	(2.500)	(3.129)	(4.210)	(2.426)	(2.970)	(3.470)
BSize	-0.012*	-0.014**	-0.011**	-0.008*	-0.009*	-0.007**
	(-1.782)	(-2.064)	(-2.114)	(-1.757)	(-1.881)	(-2.149)
Dual	0.009	0.002	0.036**	0.008	0.001	0.015
	(0.435)	(0.107)	(2.138)	(0.584)	(0.077)	(1.336)
Eps	0.093***	0.092***	0.104***	0.068***	0.067***	0.075***
	(4.526)	(4.377)	(6.452)	(4.722)	(4.445)	(6.679)

续表

被解释变量	Nsckew			Duvol		
	(1)	(2)	(3)	(4)	(5)	(6)
Organ	0.000	0.000	0.001**	0.000	0.000	0.001**
	(0.835)	(0.358)	(2.404)	(1.113)	(0.843)	(2.199)
Dturn	0.004	-0.000	-0.005	-0.001	-0.004	-0.006*
	(0.567)	(-0.007)	(-0.953)	(-0.290)	(-0.672)	(-1.803)
Ret	126.318***	124.795***	121.250***	74.934***	73.301***	68.575***
	(9.489)	(8.900)	(12.010)	(9.406)	(8.628)	(11.419)
GDP	0.022	0.024	0.014	0.012	0.014	0.004
	(1.584)	(1.453)	(1.219)	(1.336)	(1.326)	(0.571)
IMR			0.368***			0.145**
			(3.369)			(2.059)
时间固定效应	控制	控制	控制	控制	控制	控制
行业固定效应	控制	控制	控制	控制	控制	控制
常数项	-1.034***	-1.046***	-1.752***	-0.499**	-0.513**	-0.719***
	(-3.203)	(-2.941)	(-4.708)	(-2.384)	(-2.215)	(-2.991)
Kleibergen-Paap rk LM		368.562***			368.562***	
Cragg-Donald Wald F		3 098.715			3 098.715	
观测值	5 619	5 009	9 634	5 619	5 009	9 634
调整 R^2	0.062	0.064	0.066	0.065	0.065	0.065

六、研究结论与启示

（一）研究结论

智能制造作为我国实现智能化转型、实现高质量发展的重要手段，其能否降低企业股票崩盘风险具有重要的现实意义。本文基于2013—2022年的相关数据，深入研究了智能制造对企业股票崩盘风险的影响机理。研究结果发现：(1) 智能制造与企业股票崩盘风险之间存在显著负相关关系，该研究结果在经过一系列稳健性检验的情况下依然成立，表明智能制造能够降低企业股票崩盘风险；(2) 企业灵活性、敏捷性和可见性、资源冗余性、合作关系，以及供应链韧性均是智能制造影响股票崩盘风险的重要机制，智能制造能够通过增强灵活性、提升敏捷性和可见性、降低资源冗余性、增强合作关系，以及增强供应链韧性，进而降低企业股票崩盘风险；(3) 异质性检验发现，智能制造对企业股票崩盘风险的影响具有一定的边界性。智能制造对股票崩盘风险的降低作用仅在较大规模的企业和非低碳试点城市中的企业成立，相对于较小规模的企业，较大规模的企业拥有的资本更为雄厚，布局智能制造战略更为顺畅，对股票崩盘风险的抑制作用也会更加明显。相对于非低碳试点城市中的企业，低碳试点城市中的企业面临更大的转型压力，有可能会打乱其正常布局智能制造战略，减弱实施智能制造战略的优势，从而丧失对降低股票崩盘风险的积极作用。

(二) 管理启示与政策启示

第一，加大研发投入水平，提高企业创新活力。本文研究发现智能制造能够降低企业股票崩盘风险。在经济环境高度不确定的背景下，积极布局智能制造是企业适应环境变化的重要手段，能够帮助企业有效抵御风险。因此，企业需要加快在智能制造相关领域的布局，加大研发投入，形成良好的创新生态，提升创新水平。

第二，加强供应链的管理，完善智能制造布局。本文研究发现，企业灵活性、敏捷性和可见性、资源冗余性、合作关系，以及供应链韧性均是智能制造影响股票崩盘风险的重要机制。因此，企业应该加强对供应链的管理，保持与供应链成员的合作关系，从而形成共同发展、合作共赢的良好局面，进而实现防范崩盘风险的目的。

第三，完善相关体系建设，合理配置企业资源。本文研究发现智能制造仅在较大规模企业中能够降低股票崩盘风险。因此，企业在进行智能化转型时应该合理配置资源，根据自身规模合理选择发展战略，不断完善智能制造配套的相关技术、生产体系以及人力资源，从而降低股票崩盘风险。

第四，完善人才培养机制，提升员工创新意识。人力资源是企业实施智能制造战略的重要支撑，企业应该加大对员工的培养力度，持续强化员工的创新意识和创新技能，有利于实现人智协同，减缓新技术与劳动力技能的不匹配程度，能够更加有效地发挥智能制造降低股票崩盘风险的重要作用。

第五，实现企业精准补助，加快企业转型升级。本文研究发现智能制造是增强供应链韧性，降低崩盘风险的关键手段。因此，相关部门应该不断完善对企业实施智能制造的过程评价，并以此为依据实现对企业的精准补助，从而实现资源配置的优化，提升企业的整体韧性。

Intelligent Manufacturing, Supply Chain Resilience and Stock Price Crash Risk—Based on the Text Analysis of the Annual Reports of Listed A-share Manufacturing Companies

Jinquan Zhang, Jincheng Qi

Abstract Intelligent manufacturing deeply integrates a number of advanced technologies and is an important way to realize the change in quality, change in efficiency, and change in growth drivers, and then improve the level of safety and reduce stock price crash risk. This paper uses machine learning methods to characterize the level of micro-enterprises' intelligent manufacturing, and based on the value chain theory and the stakeholder theory, this paper analyzes the impact mechanism of intelligent manufacturing on stock price crash risk of enterprise, as well as the mediating role of supply chain resilience in it. The research results show that: (1) There is a significant negative relationship between intelligent manufacturing and stock price crash risk. The research results are still valid after a series of robustness tests; (2) Intelligent manufacturing can reduce stock price crash risk by enhancing flexibility, improving agility and visibility, reducing resource redundancy, enhancing cooperative relationships, and enhancing supply chain resilience; (3) In the further heterogeneity test, the effect of intelligent manufacturing on stock price crash risk is borderline. The reduction effect of intelligent manufacturing on stock price crash risk is only established in larger-scale enterprises and enterprises in non-low-carbon pilot cities. The research findings are of some significance for enterprises to actively layout intelligent manufacturing related fields and strengthen the supply chain management level.

Key Words intelligent manufacturing; stock price crash risk; supply chain resilience; machine learning

参考文献

[1] 陈强. 高级计量经济学及Stata应用 [M]. 北京：高等教育出版社，2010：110-111.

[2] 高震男，魏旭，张学勇. 供应商集中度与股价崩盘风险：理论分析与中国实证 [J]. 经济学（季刊），2023，23（5）：1991-2008.

[3] 国务院发展研究中心. 发达国家再制造业化战略及对我国的影响 [J]. 管理世界，2013（2）：13-17.

[4] 黄群慧，余泳泽，张松林. 互联网发展与制造业生产率提升：内在机制与中国经验 [J]. 中国工业经济，2019，8（5）：23.

[5] 简泽，徐扬，李玉花，等. 生产率困境的形成与治理机制：一个新的理论框架 [J]. 管理世界，2020，36（1）：193-211.

[6] 江艇. 因果推断经验研究中的中介效应与调节效应 [J]. 中国工业经济，2022（5）：100-120.

[7] 焦然，温素彬，张金泉. 研发影响绩效的门槛现象与企业社会责任的缓解作用研究 [J]. 中国软科学，2020（3）：110-121.

[8] 李海舰，田跃新，李文杰. 互联网思维与传统企业再造 [J]. 中国工业经济，2014（10）：135-146.

[9] 李廉水，石喜爱，刘军. 中国制造业 40 年：智能化进程与展望 [J]. 中国软科学，2019（1）：1-9.

[10] 林琳，吕文栋. 数字化转型对制造业企业管理变革的影响——基于酷特智能与海尔的案例研究 [J]. 科学决策，2019（1）：85-98.

[11] 罗仲伟，任国良，焦豪，等. 动态能力，技术范式转变与创新战略——基于腾讯微信"整合"与"迭代"微创新的纵向案例分析 [J]. 管理世界，2014，30（8）：152-168.

[12] 毛捷，郭玉清，曹婧，等. 融资平台债务与环境污染治理 [J]. 管理世界，2022，38（10）：96-118.

[13] 田国强，李双建. 经济政策不确定性与银行流动性创造：来自中国的经验证据 [J]. 经济研究，2020，55（11）：19-35.

[14] 王艳，何竺虔，汪寿阳. 民营企业并购的协同效应可以实现吗？[J]. 会计研究，2020（7）：64-77.

[15] 王永钦，董雯. 机器人的兴起如何影响中国劳动力市场？——来自制造业上市公司的证据 [J]. 经济研究，2020，55（10）：159-175.

[16] 温素彬，张金泉，焦然. 智能制造、市场化程度与企业运营效率——基于A股制造业上市公司年报的文本分析 [J]. 会计研究，2022（11）：102-117.

[17] 巫强，姚雨秀. 企业数字化转型与供应链配置：集中化还是多元化 [J]. 中国工业经济，2023，8（99）：117.

[18] 吴非，胡慧芷，林慧妍，等. 企业数字化转型与资本市场表现——来自股票流动性的经验证据 [J]. 管理世界，2021，37（7）：130-144.

[19] 吴世农，尤博，王建勇，等. 产业政策工具，企业投资效率与股价崩盘风险 [J]. 管

理评论，2023，35（1）：272.

［20］肖静华，吴小龙，谢康，等.信息技术驱动中国制造转型升级——美的智能制造跨越式战略变革纵向案例研究［J］. 管理世界，2021，37（3）：161-179.

［21］周黎安，张维迎，顾全林，等.企业生产率的代际效应和年龄效应［J］. 经济学（季刊），2007，6（4）：1297-1318.

［22］宗庆莹，朱泽钢，郭佳.数字技术应用对股价崩盘风险的影响：监督效应和信息效应［J］. 金融与经济，2023（9）：87-96.

［23］AN Z，CHEN C，NAIKER V，et al. Does media coverage deter firms from withholding bad news? Evidence from stock price crash risk［J］. Journal of Corporate Finance，2020，64：101664.

［24］BEN-ZUR H，ZEIDNER M. Threat to life and risk-taking behaviors：a review of empirical findings and explanatory models［J］. Personality and Social Psychology Review，2009，13（2）：109-128.

［25］CHEN W. Intelligent manufacturing production line data monitoring system for industrial internet of things［J］. Computer communications，2020，151：31-41.

［26］CHEN Y，FAN Q，YANG X，et al. CEO early-life disaster experience and stock price crash risk［J］. Journal of Corporate Finance，2021，68：101928.

［27］FAZZARI S M，ATHEY M J. Asymmetric information，financing constraints，and investment［J］. The Review of Economics and Statistics，1987：481-487.

［28］FENG J，GOODELL J W，SHEN D. ESG rating and stock price crash risk：evidence from China［J］. Finance Research Letters，2022，46：102476.

［29］GE Y，ZHU Y. Boosting green recovery：green credit policy in heavily polluted industries and stock price crash risk［J］. Resources Policy，2022，79：103058.

［30］GURBAXANI V，DUNKLE D. Gearing up for successful digital transformation［J］. MIS Q. Executive，2019，18（3）：6.

［31］HE B，BAI K. Digital twin-based sustainable intelligent manufacturing［J］. Advances in Manufacturing，2021，9（1）：1-21.

［32］HERBOHN K，GAO R，CLARKSON P. Evidence on whether banks consider carbon risk in their lending decisions［J］. Journal of Business Ethics，2019，158：155-175

［33］HU J，LI S，TABOADA A G，et al. Corporate board reforms around the world and stock price crash risk［J］. Journal of Corporate Finance，2020，62：101557.

［34］IVANOV D，DOLGUI A. A digital supply chain twin for managing the disruption risks and resilience in the era of Industry 4.0［J］. Production Planning & Control，2021，32（9）：775-788.

［35］JIANG K，DU X，CHEN Z. Firms' digitalization and stock price crash risk［J］. International Review of Financial Analysis，2022，82：102196.

［36］JIN L，MYERS S C. R2 around the world：new theory and new tests［J］. Journal of Financial Economics，2006，79（2）：257-292.

［37］KIM J B，LI Y，ZHANG L. CFOs versus CEOs：equity incentives and crashes［J］. Journal of Financial Economics，2011，101（3）：713-730.

[38] KUSIAK A. Smart manufacturing must embrace big data [J]. Nature, 2017, 544 (7648): 23-25.

[39] KUSIAK A. Fundamentals of smart manufacturing: a multi-thread perspective [J]. Annual Reviews in Control, 2019, 47: 214-220.

[40] LADE P, GHOSH R, SRINIVASAN S. Manufacturing analytics and industrial internet of things [J]. IEEE Intelligent Systems, 2017, 32 (3): 74-79.

[41] MARTINEZ B, MONTON M, VILAJOSANA I, et al. Early scavenger dimensioning in wireless industrial monitoring applications [J]. IEEE Internet of Things Journal, 2015, 3 (2): 170-178.

[42] PATEL P, ALI M I, SHETH A. From raw data to smart manufacturing: AI and semantic web of things for industry 4.0 [J]. IEEE Intelligent Systems, 2018, 33 (4): 79-86.

[43] QADER G, JUNAID M, ABBAS Q, et al. Industry 4.0 enables supply chain resilience and supply chain performance [J]. Technological Forecasting and Social Change, 2022, 185: 122026.

[44] SCHOLTEN K, SCHILDER S. The role of collaboration in supply chain resilience [J]. Supply Chain Management: An International Journal, 2015, 20 (4): 471-484.

[45] TAO F, CHENG J, QI Q, et al. Digital twin-driven product design, manufacturing and service with big data [J]. The International Journal of Advanced Manufacturing Technology, 2018, 94: 3563-3576.

[46] WU K, LAI S. Intangible intensity and stock price crash risk [J]. Journal of Corporate Finance, 2020, 64: 101682.

[47] WU K, FU Y, KONG D. Does the digital transformation of enterprises affect stock price crash risk? [J]. Finance Research Letters, 2022, 48: 102888.

[48] YING W, PEE L G, JIA S. Social informatics of intelligent manufacturing ecosystems: a case study of KuteSmart [J]. International Journal of Information Management, 2018, 42: 102-105.

[49] YU F, WANG L, LI X. The effects of government subsidies on new energy vehicle enterprises: the moderating role of intelligent transformation [J]. Energy Policy, 2020, 141: 111463.

[50] ZHONG R Y, XU X, KLOTZ E, et al. Intelligent manufacturing in the context of industry 4.0: a review [J]. Engineering, 2017, 3 (5): 616-630.

第18辑，2025年
No. 18，2025
会计与控制评论
Review of Accounting and Control

司法改革与全国统一大市场建设

——来自企业跨区域采购的证据①

许浩然[1] 杜鑫雨[2] 张欣瑶[2]

（1. 东北财经大学会计学院/中国内部控制研究中心 大连 116025）
（2. 东北财经大学会计学院 大连 116025）

摘 要 当前，中国经济正处于新发展阶段，在“双循环”发展格局下，构建全国统一大市场的重要性日益彰显。借助最高人民法院逐步设立巡回法庭这一自然实验场景，本文考察了司法改革对全国统一大市场构建的影响。研究发现，设立巡回法庭以后，企业跨区域采购的规模显著增长。作用机制检验显示，巡回法庭的设立主要通过减少法律诉讼中的地方保护和缓解企业融资约束进而促进企业跨区域采购规模的增长。进一步的横截面分析显示，巡回法庭的设立对企业跨区域采购的影响呈现出显著的异质性特征，对于国有企业、内部治理水平更低的企业，以及处于地区制度环境较差的企业，司法改革的促进作用更加明显。本文的研究拓展了法与金融以及全国统一大市场领域的文献体系，有关结论对于我国进一步推动全国统一大市场建设具有重要参考价值。

关键词 司法改革 巡回法庭 跨区域采购 全国统一大市场

① 基金项目：本文得到了国家自然科学基金（72002026）和教育部人文社会科学研究一般项目（24YJC630254）的支持。作者简介：许浩然（1988—），男，东北财经大学会计学院/中国内部控制研究中心副院长，副教授，硕士生导师，研究方向为审计、会计与资本市场；杜鑫雨（2000—），女，东北财经大学会计学院硕士研究生；张欣瑶（2001—），女，东北财经大学会计学院硕士研究生。

一、引 言

加快建设全国统一大市场是新形势下党中央从全局和战略高度作出的重大部署，对于构建“以国内大循环为主体、国内国际双循环相互促进”的新发展格局至关重要。2021年12月，中央全面深化改革委员会第二十三次会议强调：“要结合区域重大战略、区域协调发展战略实施，优先开展统一大市场建设工作，发挥示范引领作用。”2022年4月，中共中央和国务院发布《关于加快建设全国统一大市场的意见》，从指导思想、工作原则和主要目标等方面提出了具体指导意见。此外，党的二十大报告、“十四五”规划和2024年政府工作报告也明确提出，要继续深化要素市场化改革，加快构建全国统一大市场。那么，在这一背景之下，我们到底应该如何加快全国统一大市场建设，在推进过程中又需要重点关注哪些关键性因素呢？这一问题新鲜而重要。

在学术界，建设全国统一大市场已经成为学者们热议的焦点问题。围绕建设全国统一大市场的影响因素，学者们从经济政策、人才政策、数字经济发展、对外开放、竞争审查制度等视角进行了大量探讨（戚聿东、郝越，2022；孙国锋等，2024），为后续研究提供了重要借鉴。但通过梳理文献可以发现，现有研究在以下三个方面还有待于进一步深化和完善：第一，虽然实务界和个别文献已经提及司法环境对建设全国统一大市场的可能影响（刘志彪，2022），但很少有文献对这一问题进行系统研究和实证检验。第二，很多文献均利用区域或行业层面的宏观数据来开展研究，基于企业层面的大样本证据以及微观机制检验相对匮乏（陈刚、李树，2013）。第三，以往文献主要从“需求侧”视角探讨如何建设全国统一大市场，缺乏“供给侧”视角下的相关研究。实际上，建设全国统一大市场既需要从“需求侧”畅通商品市场的流通，也需要从“供给侧”加强上下游企业之间的合作（袁劲等，2024）。

本文拟利用“巡回法庭设立”这一外生事件，系统研究司法改革对建设全国统一大市场的影响。巡回法庭的设立，是党的十八届四中全会作出的重要决策，是深化司法体制改革和建设社会主义法治国家的重要举措。从性质上来看，巡回法庭是最高人民法院在全国各地设立的常设审判机构，是最高法下属机构，与最高法属于同一审级。巡回法庭有两个主要职能定位：第一，统一法律适用，消除司法地方化。由于核心人事和经费均独立于巡回区内的地方政府，因此不受地方政府的干预。第二，对地方法院进行监督和指导，促进地方法院公正司法。有大量证据表明，巡回法庭的设立有效解决了司法地方化和地方审判能力不足的问题，从而促进了地区司法水平的提升（袁淳等，2023）。另外值得指出的是，巡回法庭的设立是分地区、分年度逐步推进的，这就为本课题的研究设计提供了绝佳的自然实验场景，使得我们能够通过构建“双重差分模型”（difference-in-differences model）来考察有关因果联系。经研究发现，设立巡回法庭以后，企业跨区域采购的规模显著增长。机制检验表明，这一影响主要是通过减少法律诉讼中的地方保护，以及缓解企业融资约束来实现的。进一步的异质性分析表明，对于国有企业、内部治理水平较低的企业，以及处于地区制度环境较差的企业，这一影响更为显著。

本文可能的贡献主要有以下几点：第一，从司法改革视角拓展了“统一大市场建设”领域的文献体系，并提供了直接的微观证据支持。从已有研究来看，虽然有个别文献已经提及司法环境对建设全国统一大市场的可能影响（刘志彪，2022），但很少有文献对这一问题进行系统研究和检验。本课题拟从“供给侧”加强上下游企业合作的视角，利用微观企业层面数据，系统研究司法改革对全国统一大市场建设的影响，并厘清其中的作用机制、揭示有关经济后果，从而拓展“统一大市场建设”领域的相关研究。第二，从供应链空间布局视角丰富了“法与金融”领域的相关研究。自“法与金融”理论提出以来（La Porta et al.，1998），大量学者从国际贸易、金融发展、企业投融资、企业信息披露等视角研究了法治环境特别是司法环境对经济发展以及企业行为的影响（黎文靖等，2021；Gopalan et al.，2016）。与之不同，本课题创新性地将企业“供应链空间布局”纳入司法改革经济后果的研究框架，为理解司法改革如何通过微观机制影响宏观经济提供了新视角。第三，本文的研究发现具有重要的实践价值。在宏观层面，本文通过考察司法改革对企业跨区域采购的影响，可以提供司法改革促进全国统一大市场建设的大样本证据，提示政府部门在构建双循环新发展格局时应重视法治环境建设，通过司法改革为统一大市场建设赋能增效。在微观层面，本文不仅研究司法改革对企业供应链跨区域布局的基本影响，而且将从地方司法保护和企业融资约束等视角揭示其中的作用机制，这可以帮助企业结合自身实际制定“优化供应链空间布局”的具体举措，推动企业加快融入国内大循环体系。

余文安排如下：第二部分介绍司法改革的制度背景，回顾有关文献并提出研究假设；第三部分介绍本文的研究设计；第四部分对实证结果进行分析；第五部分为进一步研究，包括作用机制检验和异质性分析；最后是本文的研究结论。

二、制度背景、文献综述与研究假设

（一）制度背景

改革开放以来，我国司法制度不断完善，取得了长足进步，但仍存在司法地方化倾向。根据我国现行的人民法院组织法，地方各级人民法院院长由地方各级人民代表大会选举产生。然而，实际上地方法院院长是先由本院的上级法院党组和其所属地方的党委考核提名，之后人大才可以启动选举任免程序。在此种情形下，司法机关的人财物均受制于地方，很难摆脱地方政府对司法的干预。为进一步提升司法质量，破除司法地方化困境，党的十八届四中全会审议通过的《中共中央关于全面推进依法治国若干重大问题的决定》正式提出设立最高人民法院巡回法庭。2015年1月28日，第一巡回法庭在广东省深圳市挂牌成立，1月31日，第二巡回法庭在辽宁省沈阳市挂牌成立。2016年12月，最高人民法院审判委员会会议决定增设四个巡回法庭，表明我国巡回法庭制度进一步得到完善。表1列示了我国巡回法庭设立的详细信息。

表1 巡回法庭设立详细时间表

法庭名称	驻地	设立时间	巡回区覆盖区域
第一巡回法庭	广东省深圳市	2015年1月28日	广东、广西、海南、湖南
第二巡回法庭	辽宁省沈阳市	2015年1月31日	辽宁、吉林、黑龙江
第三巡回法庭	江苏省南京市	2016年12月28日	江苏、浙江、上海、福建、江西
第四巡回法庭	河南省郑州市	2016年12月28日	河南、山西、湖北、安徽
第五巡回法庭	重庆市	2016年12月29日	重庆、四川、贵州、云南、西藏
第六巡回法庭	陕西省西安市	2016年12月29日	陕西、甘肃、青海、宁夏、新疆

巡回法庭对司法地方化的抑制作用主要体现在以下几个方面：首先，巡回法庭独立于其巡回区覆盖区域的地方政府，由最高人民法院统一进行管理，从而有效抑制了当地政府可能对司法进行的干预。其次，巡回法庭属于最高人民法院派出的常设审判机构，审判效力等同于最高人民法院，可以对地方的疑难案件直接审判，促进地方重大疑难案件审理的公正性和专业性。最后，巡回法庭考虑到任期过长也可能会滋生地方保护，实行巡回法庭的主审法官定期轮换制度，每两年轮换一次，从而有效减少地方干预的可能。总之，最高人民法院设立巡回法庭不仅是中国司法改

革的重要构成部分，也是抑制司法地方化问题的一项重大实践。

（二）文献综述

1.司法改革的经济后果

司法改革领域的文献非常丰富，按照研究对象进行区分，现有文献大致可以分为两类：司法改革对宏观经济的影响和司法改革对微观企业的影响。在宏观经济方面，现有文献主要从经济增长、金融市场、平等就业等方面研究司法改革对宏观经济的影响。例如：部分研究考虑到中国不同地区经济发展的差异性，指出司法改革对不同地区的经济增长存在不同的影响，东部地区改革的效果相对较好（魏锋、沈坤荣，2009；张可，2023）。黄韬（2016）发现“去地方化”的司法改革方案可以有效提升金融市场的司法环境。曹薇薇（2022）指出最高人民法院正式将平等就业权纳入诉讼案由范畴，实质上标志着平等就业权诉讼新时代的开启。进一步，还有文献探讨了司法改革对社会福利、地方司法、政府干预等方面的影响。例如，王福华（2016）指出我国应当设立小额法庭以实现福利增进的目标；陈刚（2012）发现司法独立性的提升显著地提高了以结案率来度量的司法效率；潘越等（2015）和Zhao等（2022）阐明设立巡回法庭带来司法质量的提升实质是司法去地方化的过程。

在微观企业方面，现有文献考查了司法改革对企业投资、企业融资、环境治理以及股票市场等方面的影响。例如，赵仁杰和张家凯（2022）发现，司法体制改革能够通过改善融资促进企业固定资产投资和长期投资。王彦超等（2016）和刘慧等（2016）指出，司法改革导致企业涉诉后往往面临较高的诉讼风险，未来面临的债务融资成本会显著增加。Liu（2023）发现，巡回法庭的设立使得坏消息的披露更加及时，降低了股市崩盘风险。进一步，环境方面的司法改革具有区域污染治理效应（李毅等，2022；Edwards，2013；Carnwath，2014）。设立环保法庭有助于推动环境司法强化，相比于环保合议庭，环保审判庭的效果更显著（范子英、赵仁杰，2019）。

2.构建全国统一大市场

现有文献大多从构建全国统一大市场的影响因素和构建全国统一大市场的经济后果两个方面进行分析。从影响因素方面看，现有文献从财政、对外开放、数字技术等方面探讨了构建全国统一大市场的影响因素，例如，谢贞发等（2023）证实了2002年所得税分成改革优化了企业进入退出机制，削弱了市场垄断程度。蔡宏波和童顺（2022）指出，对外开放程度与形成国内统一大市场之间呈现先递减后递增的趋势。付成林和王德新（2023）发现，数字流通基础设施和产业基础、商流、物流和资金流数字化均显著促进全国商品统一大市场的建设。进一步，也有文献从制度层面、人才流动层面探讨了构建全国统一大市场的影响因素。例如，刘西涛和王盼（2023）指出人才集聚作为各要素集聚的核心，为全国统一大市场构建奠定基础；戚聿东和郝越（2022）指出，公平竞争审查制度作为规制行政垄断的最佳机制，有助于从根本上助力全国统一大市场建设。

从经济后果方面看，现有文献探讨了构建全国统一大市场对经济发展、乡村振兴和企业出口等方面的作用。例如，陈斌开和赵扶扬（2023）发现，国内市场分割放大了外需萎缩的负面影响，全国统一大市场可以让经济增长率下降幅度减少2/3。罗小芳和卢现祥（2023）发现构建全国统一大市场可以彰显现代化产业体系的规模效应，发挥资源优化配置的大国地域优势，并塑造数字经济的新动能。胡汉辉和申杰（2023）发现全国统一大市场建设可以通过推动科技创新和农村创业促进乡村振兴。史本叶和马晓丽（2023）发现全国统一大市场能够增强延伸国内价值链对企业出口产品质量的促进效应。进一步，也有文献探讨了构建全国统一大市场对收入差距、地区福利等方面的作用。例如，胡汉辉和申杰（2023）发现全国统一大市场建设可以减小城乡居民收入差距和农村居民收入差距；潘丽君（2023）指出产品市场统一大市场的构建对于地区福利具有差异化的作用。

（三）研究假设

全国统一大市场的建设是一个任重而道远的过程，需要制度和非制度环境的共同作用。企业跨区域采购是全国统一大市场构建的重要表现形式，而司法改革作为一种制度方式，可以通过以下两个方面来影响企业的跨区域采购决策。

第一，减少法律诉讼中的地方保护。在企业与供应商的业务往来中，一种比较常见的法律纠纷是企业未能按合同规定向供应商支付货款。根据被告属地原则，此类法律纠纷由企业所在地的法院受理。在现实中，地方法院的经费和人事均由属地管理，加之地方官员的晋升和考核也与当地经济发展息息相关，因而使得地方政府有强烈的动机干预法院行为，导致司法地方保护主义普遍存在（黄俊等，2021；Wang and Chen，2019）。而司法地方保护主义将显著增加供应商成功维权的难度。巡回法庭的设立，不仅可以及时审理跨行政区域的重大行政和民商事案件，而且还可以通过强化司法监督、加强业务指导等方式来提升地方法院的公正性和专业度，最终缓解司法地方保护主义，提高司法质量（宋小宁等，2023）。在这种情况下，供应商的合法权益更有可能得到法律保护，其与异地下游企业进行合作的意愿也随之增加，进而增大企业进行跨区域采购的可能性。

第二，缓解企业融资约束。企业在布局供应链时，所掌握资源的多寡以及融资约束水平是其最终决策的关键影响因素。例如，袁劲等（2023）发现，出口退税由央地分担调整为全部由中央政府承担以后，企业可以获得更多、更及时的出口退税，降低了企业的融资约束水平，进而提高了企业进行跨区域采购的概率。另外，现有文献指出，作为提升司法质量的重要举措，设立巡回法庭可以更好地保护投资者和债权人的利益，从而为企业融资提供便利。例如，刘中华等（2023）就发现，司法改革以后，企业的债务融资成本显著降低。因此，司法改革也可能通过缓解企业融资约束，最终增大企业进行跨区域采购的可能性。

基于上述分析，我们提出假设H1：

H1：司法改革促进了企业跨区域采购。

三、研究设计

（一）样本选择与数据来源

本文主要考察设立巡回法庭的司法改革对建设全国统一大市场的影响，采用双重差分模型（DID）来进行实证分析。本文的初始研究样本为2003—2022年全部A股上市公司，我们对相关数据进行了如下筛选处理：（1）剔除金融业企业；（2）剔除ST类企业；（3）剔除相关变量存在缺失的样本。此外，对于部分缺失所属省份的企业，我们进行了手工查找和补充。经过上述处理，我们共得到5 131个观测值，这与之前相关研究的样本数量是类似的（刘成昆等，2023；李万利等，2023）。考虑到异常值对回归结果可能存在影响，我们对连续变量进行了1%和99%分位的缩尾（Winsorize）处理。本文所涉及的数据来源具体如下：巡回法庭设立的数据来自中华人民共和国最高人民法院官网；其他相关数据来自国泰安经济金融研究数据库（CSMAR）和中国研究数据服务平台（CNRDS）。

（二）模型设定与变量定义

为了检验司法改革对构建全国统一大市场的影响，我们建立和估计如下的双重差分模型（difference-in-differences model）：

$$Trans\_pro_{i,t} = \beta_0 + \beta_1 Court_{i,t} + \beta_2 Controls_{i,t} + \sum Firm + \sum Year + \varepsilon_{i,t} \tag{1}$$

在模型（1）中，被解释变量为企业跨区域采购规模（Trans_pro），参考袁劲等（2023）的做法，采用企业向省外供应商采购金额占采购总金额的比例来进行度量。解释变量Court，表示巡回法庭设立政策的实施效应。如果企业所属地区为巡回法庭覆盖地区且处于分阶段设立巡回法庭的当年及以后年份，则Court取值为1，否则取值为0。基于以上定义，Court的系数反映了司法改革对企业跨区域采购的影响。

此外，借鉴现有文献的做法（黄俊等，2021；袁劲等，2023；刘中华等，2023；Lai et al.，2023；Liu，2023），为控制其他因素对企业跨区域的影响，我们在进行实证检验时加入了下列控制变量：企业规模（Size）、资产负债率（Lev）、息税前利润（EBIT）、固定资产净额（Fix_asset）、经营性现金流占比（Cashflow）、账面市值比（Pb）、营业收入增长率（Growth）、企业成立年限（Age）、两职合一（Dual）、雇佣人数（Staff）、行业集中度赫芬达尔指数（Hhi）、金融发展水平（Fin）、所在地人口数（LnPopu）、第一产业生产总值（Output_st）、第二产业生产总值（Output_se）、第三产业生产总值（Output_rd）以及市场化指数（Market）。i和t分别表示企业和时间。此外，考虑到企业个体特征以及外部经济环境的影响，我们还控制了企业和年度的固定效应，ε为回归残差项。具体的变量定义方式请参阅表2。

表2 **变量定义**

变量类型	变量名称	变量符号	变量定义
被解释变量	跨区域采购规模	Trans_pro	企业向省外供应商采购占总采购的比例
解释变量	巡回法庭	Court	巡回法庭设立政策的实施效应，若企业处于巡回法庭覆盖地区且处于分阶段设立巡回法庭的当年及以后年份，则取值为1，否则为0
控制变量	企业规模	Size	总资产的自然对数
	资产负债率	Lev	企业总负债与总资产的比值
	息税前利润	EBIT	支付利息和所得税之前的利润占总资产的比例
	固定资产净额	Fix_asset	固定资产净额（千万元）
	经营性现金流占比	Cashflow	经营性现金流占总资产的比例
	账面市值比	Pb	企业账面价值与市场价值的比值
	营业收入增长率	Growth	（当年营业收入-上年营业收入）/上年营业收入
	企业成立年限	Age	样本报表年份与企业成立年份的差值
	两职合一	Dual	若董事长和总经理由一人兼任，则取1，否则取0
	雇佣人数	Staff	企业雇佣员工数的自然对数
	行业集中度	Hhi	行业内的每家公司的所有者权益与行业所有者权益合计的比值的平方之和
	金融发展水平	Fin	企业所属地区存贷款总和与该地GDP的比值
	所在地人口数	LnPopu	企业所属省份人口数的自然对数
	第一产业生产总值	Output_st	企业所属省份第一产业总产值的自然对数
	第二产业生产总值	Output_se	企业所属省份第二产业总产值的自然对数
	第三产业生产总值	Output_rd	企业所属省份第三产业总产值的自然对数
	市场化指数	Market	企业所在省份的市场化指数

四、实证结果及分析

（一）描述性统计

表3报告了本文主要变量的描述性统计结果。由表3可知，在所选样本中，被解释变量企业跨区域采购规模（Trans_pro）的均值为0.187，中位数0.123，下四分位数为0.037，上四分位数为0.269，说明各企业的跨区域采购规模存在一定差异。解释变量巡回法庭设立（Court）的均值为0.374，标准差为0.484，说明各企业受到政策的冲击存在显著差异。

表3 描述性统计

变量名称	平均值	标准差	下四分位数	中位数	上四分位数
Trans_pro	0.187	0.200	0.037	0.123	0.269
Court	0.374	0.484	0.000	0.000	1.000
Size	22.038	1.295	21.087	21.840	22.801
Lev	0.432	0.218	0.256	0.421	0.594
EBIT	0.050	0.062	0.027	0.050	0.078
Fix_asset	27.640	77.431	1.829	4.773	14.973
Cashflow	0.042	0.072	0.005	0.042	0.084
Pb	0.593	0.250	0.401	0.602	0.781
Growth	0.653	21.788	-0.031	0.102	0.264
Age	17.723	6.152	13.000	18.000	22.000
Dual	0.238	0.426	0.000	0.000	0.000
Staff	7.496	1.238	6.676	7.451	8.279
Hhi	0.090	0.097	0.034	0.059	0.110
Fin	3.601	1.368	2.588	3.296	4.139
LnPopu	2.930	0.035	2.906	2.938	2.958
Output_st	7.391	1.216	7.175	7.780	8.215
Output_se	9.471	0.860	8.891	9.553	10.208
Output_rd	9.651	0.851	9.109	9.746	10.293
Market	11.358	3.509	8.589	11.607	13.871

控制变量方面，企业规模（Size）的均值为22.038，标准差为1.295，中位数为21.840，说明所选样本公司在规模方面存在一定差异。资产负债率（Lev）的均值为0.432，中位数为0.421，标准差为0.218，说明样本公司的负债水平较低。息税前利润（EBIT）均值为0.050，中位数为0.050，说明样本公司的盈利状况较好。企业成立年限（Age）均值为17.723，标准差为6.152，说明企业年龄差距较大，有成立较早的企业也有新上市企业。金融发展水平（Fin）均值为3.601，中位数为3.296，标准差为1.368，说明样本企业所处的城市金融发展水平不尽相同。总体上，这些变量的分布特征和已有文献保持一致。

（二）基本回归结果

表4报告了司法改革对全国统一大市场构建的多元回归结果。根据表4的回归结果，被解释变量（Trans_pro）与解释变量（Court）在5%的水平上呈现显著正相关（估计系数 = 0.016；t值 = 2.333），表明巡回法庭设立以后，企业的跨区域采购规模显著增加，支持研究假设H1。在经济显著性方面，巡回法庭设立以后，企业异地采购规模约增长8.56%（0.016/0.187），说明司法改革对全国统一大市场构建的影响是重大的。在控制变量方面，EBIT的估计系数显著为正（估计系数 = 0.125；t值 = 2.792），说明企业的盈利能力与省外采购规模呈正相关，盈利水平越高其对应的省外采购规模也相对越大。Staff的估计系数显著为负（估计系数 = −0.045；t值 = −7.136），说明企业雇佣成本会减少企业省外采购规模。

表4　　巡回法庭设立对企业跨区域采购的影响

	Trans_pro
Court	0.016**
	(2.333)
Size	−0.015*
	(−2.074)
Lev	0.010
	(0.385)
EBIT	0.125**
	(2.792)
Fix_asset	−0.000
	(−0.322)

续表

	Trans_pro
Cashflow	-0.108**
	(-2.664)
Pb	0.029*
	(1.897)
Growth	0.000
	(1.324)
Age	-0.002
	(-0.188)
Dual	0.011
	(1.464)
Staff	-0.045***
	(-7.136)
Hhi	0.061
	(1.006)
Fin	-0.071***
	(-6.188)
LnPopu	0.619
	(0.405)
Output_st	-0.044*
	(-1.906)
Output_se	-0.061**
	(-2.562)
Output_rd	0.008
	(0.316)
Market	0.001
	(1.459)

续表

	Trans_pro
Constant	0.102
	(0.024)
Year	Yes
Firm	Yes
N	5 131
R^2	0.694

注：*、**、***分别表示在10%、5%、1%水平上显著。

（三）稳健性检验

1.替换被解释变量

在前文的回归分析中，我们主要采用企业向省外供应商采购占总采购的比例来衡量企业的异地采购情况。为了确保论文的研究结论不受变量构造方法的影响，本部分进一步采用了替换被解释变量的方法进行稳健性检验。考虑到企业前五大供应商的重要性，我们定义新变量企业省外采购规模占企业前五大供应商的比例（Trans_pro_five），具体为上市公司向上游前五大供应商进行采购时，向省外的供应商采购所支付的价款占向该公司前五大供应商采购支付总价款的比例，进一步采用双重差分模型检验司法改革对企业跨区域采购的影响。回归结果见表5。由表5可知，解释变量Court的估计系数显著为正（估计系数 = 0.029；t值 = 1.934），说明巡回法庭设立的司法改革对企业省外采购的规模具有显著的正向影响，与假设H1一致。

表5 替换被解释变量

	Trans_pro_five
Court	0.029*
	(1.934)
Size	0.029
	(1.589)
Lev	0.030
	(0.478)

续表

	Trans_pro_five
Fix_asset	-0.000
	(-1.049)
Cashflow	-0.154*
	(-1.783)
Pb	-0.005
	(-0.187)
Age	-0.023
	(-1.416)
Dual	-0.007
	(-0.410)
Staff	-0.020
	(-1.484)
Fin	-0.108***
	(-4.456)
LnPopu	3.186
	(1.711)
Output_st	-0.042
	(-1.286)
Output_se	-0.131***
	(-3.070)
Output_rd	0.058
	(1.232)
Market	0.002*
	(1.962)
KZ	-0.006
	(-1.339)

续表

	Trans_pro_five
Constant	-7.521
	(-1.485)
Year	Yes
Firm	Yes
N	4 593
R^2	0.723

注：*、**、***分别表示在10%、5%、1%水平上显著。

2.倾向得分匹配（PSM）和熵匹配（EBM）

虽然我们在模型中纳入了一系列控制变量对一些差异进行控制，但样本选择偏差问题可能仍然存在，因此本文采用了倾向得分匹配（PSM）的方法进行稳健性检验。我们根据Armstrong等（2010）和Chen等（2022）等的研究，选取企业规模（Size）、资产负债率（Lev）、息税前利润（EBIT）、经营性现金流占比（Cashflow）、账面市值比（Pb）、营业收入增长率（Growth）、企业成立年限（Age）、两职合一（Dual）、雇佣人数（Staff）、金融发展水平（Fin）、所在地人口数（LnPopu）、第一产业生产总值（Output_st）、第二产业生产总值（Output_se）、第三产业生产总值（Output_rd）以及市场化指数（Market）作为控制变量，采取一对一最近邻匹配，最终获得1 301个观测值的倾向得分匹配样本。回归结果见表6。

表6 倾向得分匹配（PSM）和熵匹配（EBM）

	PSM	EBM
	Trans_pro	Trans_pro
Court	0.039*	0.031*
	(2.193)	(2.026)
Size	0.008	0.003
	(0.287)	(0.265)
Lev	-0.048	-0.032
	(-1.001)	(-1.050)
EBIT	0.050	0.064
	(0.546)	(0.985)

续表

	PSM	EBM
	Trans_pro	Trans_pro
Fix_asset	−0.001*	−0.000
	(−2.180)	(−1.361)
Cashflow	−0.274***	−0.219***
	(−3.585)	(−2.873)
Pb	0.023	0.017
	(0.869)	(0.829)
Growth	0.007*	0.002
	(2.146)	(1.196)
Age	0.014	0.003
	(0.701)	(0.246)
Dual	−0.011	0.013
	(−0.597)	(1.311)
Staff	−0.076***	−0.050***
	(−3.604)	(−4.811)
Hhi	−0.021	0.046
	(−0.198)	(0.349)
Fin	−0.079	−0.105***
	(−1.693)	(−4.989)
LnPopu	−1.556	−0.346
	(−0.730)	(−0.195)
Output_st	−0.069	−0.065**
	(−1.177)	(−2.400)
Output_se	−0.039	−0.143***
	(−0.786)	(−2.999)

续表

	PSM	EBM
	Trans_pro	Trans_pro
Output_rd	-0.099	0.092**
	(-1.506)	(2.621)
Market	-0.000	0.001
	(-0.114)	(0.572)
Constant	7.015	2.784
	(1.226)	(0.570)
Year	Yes	Yes
Firm	Yes	Yes
N	1 301	5 131
R^2	0.764	0.748

注：*、**、***分别表示在10%、5%、1%水平上显著。

此外，为了进一步提升回归结果的外生性，我们构建了熵平衡匹配（EBM），以模型（1）中的所有控制变量作为协变量，对协变量进行一阶、二阶和三阶调整，同时控制被巡回法庭巡回区覆盖区域的样本和未被巡回法庭巡回区覆盖的样本之间协变量的多维平衡性。采用熵平衡匹配后的样本重新进行回归检验，结果见表6。

由表6可知，被解释变量的系数均显著为正（估计系数 = 0.039、0.031；t值 = 2.193、2.026），这为我们的假设提供了进一步的证据，即巡回法庭设立的司法改革有助于企业扩大跨区域采购规模，再次验证了假设H1。

3.安慰剂测试

为了排除无法观测的其他因素对回归结果的干扰，借鉴现有文献的做法（黄俊等，2021；黄斯琪等，2023），本部分将进行安慰剂测试。具体而言，我们随机从研究样本中选取企业，构造一个与“真实处理组”数量相等的“虚拟处理组”，然后基于“虚拟处理组”重新估计模型（1）。这一过程共计重复了500次。之后，我们从500次回归中抽取出Court估计系数的t值，并描绘它们的分布情况。具体结果如图1所示（其中，虚线表示前文回归分析中的真实t值 = 2.333）。由图1可知，Court估计系数的t值以0为中心呈正态分布，且绝大部分小于真实t值水平（亦低于显著性水平），说明基于“虚拟处理组”的回归分析并未发现显著结果，从而间接验证了巡回法庭设立的司法改革对于企业省外采购的重要影响。

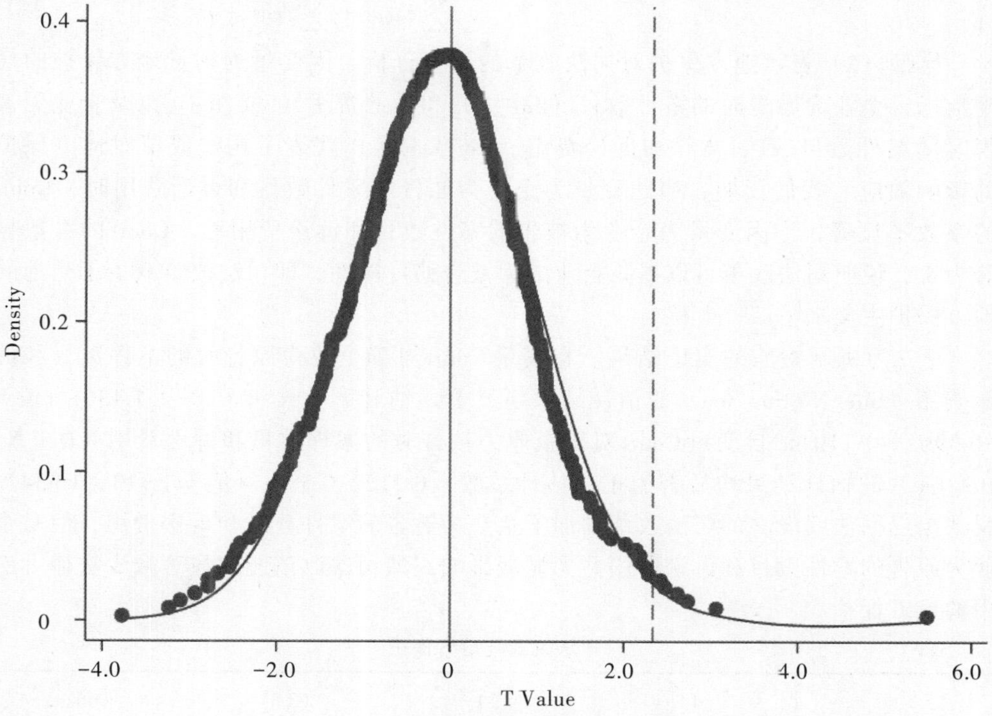

图1 安慰剂测试

五、进一步研究

（一）作用机制检验

前文的实证结果表明，基于巡回法庭设立的司法改革促进了企业进行跨区域采购和全国统一大市场建设。另外，在前文的理论推导中我们指出，司法改革对企业跨区域采购的影响可能主要是通过减少司法地方保护、缓解企业融资约束来实现的，那么，这一作用机制是否真的成立呢？

1.司法改革与地方保护

为了验证司法改革与减少地方保护主义这一作用机制，我们参照Lai、Yang、Wang和Anderson（2023）的做法，选取企业为原告时的案件数目和诉讼费用以及企业为被告时的案件数目和诉讼费用作为地方保护的代理变量。本文设定如下模型：

$$Sue\_N_{i,t} / Sue\_fee_{i,t} / Def\_N_{i,t} / Def\_fee_{i,t} = \beta_0 + \beta_1 Court_{i,t} + \beta_2 Controls_{i,t} + \sum Firm + \sum Year + \varepsilon_{i,t} \quad (2)$$

模型（2）表示地方保护对司法改革的回归分析，因变量为衡量地方保护的代理指标，企业为原告时的案件数目（Sue_N）和诉讼费用（Sue_fee）以及企业为被告时的案件数目（Def_N）和诉讼费用（Def_fee），β_1代表了司法改革对地方保护的影响效应。我们预期，当因变量为企业为原告的案件数目和诉讼费用时，Court 的系数不显著；当因变量为企业为被告的案件数目和诉讼费用时，Court 的系数显著为正，说明司法改革可以提高企业成为被告的可能性，即司法改革减少了当地的地方保护主义水平。

表 7 为机制检验的实证结果。自变量 Court 对于企业为原告时的案件数目和诉讼费用（Sue_N / Sue_fee）的估计结果不显著（估计系数 = −0.018、−1.436；t 值 = −0.396、−1.110），自变量 Court 对于企业为被告时的案件数目和诉讼费用（Def_N / Def_fee）的估计结果均显著为正（估计系数 = 0.212、0.583；t 值 = 1.913、1.934），反映出巡回法庭设立的司法改革增加了企业为被告的案件数目和诉讼费用，但对企业为原告的案件数目和诉讼费用并无显著影响，即司法改革能够显著减少法律诉讼中的地方保护。

表7　　司法改革与地方保护

	(1)	(2)	(3)	(4)
	Sue_N	Sue_fee	Def_N	Def_fee
Court	−0.018	−1.436	0.212*	0.583*
	(−0.396)	(−1.110)	(1.913)	(1.934)
Size	−0.170***	−0.628	−0.056	−0.634
	(−3.157)	(−1.644)	(−0.320)	(−1.336)
Lev	0.310	2.902**	1.155***	3.010
	(0.782)	(2.637)	(3.232)	(1.212)
EBIT	0.556	1.334	−2.646	−6.005**
	(1.025)	(0.531)	(−1.720)	(−2.413)
Fix_asset	−0.002***	0.001	0.004*	0.002
	(−3.072)	(0.111)	(2.039)	(0.531)

续表

	(1)	(2)	(3)	(4)
	Sue_N	Sue_fee	Def_N	Def_fee
Cashflow	0.117	-2.257	1.274	-0.793
	(0.540)	(-0.970)	(1.383)	(-0.625)
Top	-0.006	-0.021	-0.001	-0.028*
	(-0.730)	(-1.601)	(-0.268)	(-1.963)
Pb	0.020	1.839*	-0.452	-1.202
	(0.175)	(1.753)	(-1.441)	(-1.554)
Growth	0.000	-0.000	-0.000	0.000
	(0.463)	(-1.639)	(-0.512)	(1.186)
Age	-0.019	-1.372**	0.069*	0.210**
	(-0.561)	(-2.678)	(1.753)	(2.684)
Dual	0.076*	0.783	0.051	0.558
	(1.756)	(1.273)	(0.405)	(0.635)
Staff	-0.097*	0.453	-0.141	-0.152
	(-2.014)	(1.582)	(-0.992)	(-0.466)
Hhi	0.153	1.833	-1.107	-1.207
	(0.433)	(1.503)	(-1.392)	(-0.586)
Fin	0.028	-0.537	-0.111	0.131
	(0.332)	(-1.124)	(-1.366)	(0.210)
LnGDP	0.176	1.616***	0.148	1.101*
	(0.956)	(3.823)	(0.627)	(2.068)
Market	-0.017	-0.027	-0.008	0.056
	(-1.388)	(-0.301)	(-0.271)	(0.827)
Constant	3.407	19.612	0.009	-0.237
	(1.626)	(1.404)	(0.002)	(-0.025)

续表

	(1)	(2)	(3)	(4)
	Sue_N	Sue_fee	Def_N	Def_fee
Year	Yes	Yes	Yes	Yes
Firm	Yes	Yes	Yes	Yes
N	5 046	5 046	5 046	5 046
R^2	0.521	0.188	0.302	0.193

注：*、**、***分别表示在10%、5%、1%水平上显著。

2. 司法改革与融资约束

融资是企业资本运作的起点，对企业发展具有重要作用。为了验证司法改革与融资约束的作用机制，参考Liu（2023），本文设定如下模型：

$$KZ_{i,t}/SA_{i,t} = \beta_0 + \beta_1 Court_{i,t} + \beta_2 Controls_{i,t} + \sum Firm + \sum Year + \varepsilon_{i,t} \tag{3}$$

模型（3）表示企业融资约束对司法改革的回归分析，参照Kaplan和Zingales（1997）、Whited和Wu（2006）以及姜付秀等（2016）的做法，我们将KZ指数和SA指数作为融资约束的衡量指标，KZ指数和SA指数越大，企业面临的融资约束程度越高。我们预期，Court的系数显著为负，即司法改革降低了企业面临的融资约束水平。

表8报告了有关的回归结果。自变量Court对于KZ指数和SA指数的估计结果均显著为负（估计系数 = −0.181、−0.008；t值 = −2.120、−2.310）。上述结果表明，巡回法庭设立的司法改革能够显著缓解企业的融资约束水平。

表8　　司法改革与融资约束

	(1)	(2)
	KZ	SA
Court	−0.181**	−0.008**
	(−2.120)	(−2.310)
Size	−1.068***	−0.032***
	(−8.260)	(−3.574)
Lev	7.669***	−0.011
	(25.843)	(−1.066)

续表

	(1)	(2)
	KZ	SA
EBIT	-6.593***	-0.048**
	(-7.832)	(-2.283)
Fix_asset	0.000	0.001***
	(0.454)	(18.628)
Growth	-0.062*	-0.003
	(-1.883)	(-1.504)
Age	0.025	0.002
	(0.263)	(0.900)
Dual	-0.114	0.003
	(-1.649)	(0.773)
Staff	0.280***	0.003
	(4.403)	(0.696)
LnGDP	0.172	0.012
	(0.925)	(0.820)
Market	-0.001	-0.000
	(-0.165)	(-1.114)
Constant	17.692***	-3.282***
	(5.211)	(-11.502)
Year	Yes	Yes
Firm	Yes	Yes
N	4 591	4 978
R^2	0.774	0.976

注：*、**、***分别表示在10%、5%、1%水平上显著。

（二）异质性分析

1.企业产权性质

在中国，由于产权安排不同，国有企业与非国有企业在资源获取、政府援助和政策限制等方面存在较大差异（Faccio et al.，2006；Fan et al.，2006）。与民营企业相比，国有企业天然的政治关联使其在成为被告方时更容易获得当地的政府干预，获得司法保护。这可以从以下两个方面来理解。首先，国有企业与政府之间具有天然的产权联系，因而更容易获得政府的支持和帮助，从而获得稀缺资源（张敦力和李四海，2012）。其次，国有企业是国民经济的重要支柱，各地国有企业也是当地经济发展的重要力量（李荣融，2009），因而当地政府考虑到自身的政绩会更倾向于保护当地的国有企业。与国有企业不同，民营企业在陷入司法诉讼时，地方政府通常不会进行干预，因此，民营企业往往受到地方保护主义的影响相对较小。

基于上述分析，我们推测相对于民营企业而言，司法改革对国有企业地方保护的减少作用更加明显，因而更能够促进其异地采购规模的增长。为了验证这一推测，我们将研究样本细分为国有企业和非国有企业两个子样本，然后分别进行回归分析。有关回归结果列示于表9之中。由表9可知，在国有企业组中，巡回法庭设立的政策变量对企业省外采购规模的估计系数显著为正（估计系数 = 0.033，t值 = 1.851），但是在非国有企业样本中估计系数虽然为正却并不显著（估计系数 = 0.001，t值 = 0.084）。说明执行该政策对国有企业的影响更大，与我们的预期相一致。

表9　　异质性分析：企业产权性质视角

	（1）	（2）
	国有企业组	非国有企业组
Court	0.033*	0.001
	（1.851）	（0.084）
Size	−0.020	−0.006
	（−1.410）	（−0.429）
Lev	−0.049	0.021
	（−1.109）	（0.635）
EBIT	0.191*	0.103
	（2.074）	（1.389）
Fix_asset	0.000	−0.000
	（1.049）	（−0.373）

续表

	(1)	(2)
	国有企业组	非国有企业组
Cashflow	-0.073	-0.164***
	(-1.089)	(-2.977)
Pb	0.030	0.017
	(0.946)	(0.754)
Growth	0.001	0.000
	(0.676)	(1.556)
Age	-0.011	0.009
	(-0.805)	(0.782)
Dual	-0.003	0.021*
	(-0.267)	(2.086)
Staff	-0.044***	-0.053***
	(-3.739)	(-5.614)
Hhi	0.013	0.120
	(0.115)	(1.146)
Fin	-0.054***	-0.067***
	(-3.370)	(-3.599)
LnPopu	6.189**	-1.843
	(2.766)	(-0.948)
Output_st	-0.057*	-0.023
	(-1.882)	(-0.576)
Output_se	-0.093**	-0.002
	(-2.215)	(-0.032)
Output_rd	0.015	0.017
	(0.328)	(0.309)

续表

	(1)	(2)
	国有企业组	非国有企业组
Market	0.005***	-0.002***
	(3.847)	(-3.187)
Constant	-15.570**	6.241
	(-2.396)	(1.173)
Year	Yes	Yes
Firm	Yes	Yes
N	2 211	2 790
R^2	0.669	0.736

注：*、**、***分别表示在10%、5%、1%水平上显著。

2. 企业治理水平

良好的公司治理水平能够形成有效的监督激励机制，提高企业财务信息的透明度和可信度，降低投资者的顾虑，从而提高企业的经营绩效，降低企业融资成本（韩少真等，2015）。Lee 和 Yeh（2004）研究也表明治理薄弱的企业获取资金的难度会增加，陷入财务困境的可能性也会上升。在前文的研究中，我们发现设立巡回法庭的司法改革可以通过缓解企业融资约束来促进企业进行异地采购。因此，结合我国经济社会现实背景和既有文献的研究发现，我们推测相对于治理水平较高的企业而言，司法改革对治理水平较低的企业融资约束的改善作用更加明显，因而更能够促进其异地采购规模的增长。

为了验证这一推测，考虑到企业内部控制是公司治理的手段之一，我们参考曾建中等（2022）的做法，我们按照迪博内部控制与风险管理数据库（DIB）中的内部控制指数将研究样本细分为内部控制指数较高组和内部控制指数较低组两个子样本，然后分别进行回归分析。该指标数值越大，表明内部控制质量越高。我们预期内部控制指数较低组的系数显著为正。有关回归结果列示于表10之中。由表10可知，在治理水平较低的企业中，巡回法庭设立的政策变量对企业省外采购规模的估计系数显著为正（估计系数 = 0.029，t值 = 2.110），但是在治理水平较高的企业样本中估计系数虽然为正却并不显著（估计系数 = 0.016，t值 = 1.446）。说明执行该政策对治理水平较低的企业的影响更大，与我们的预期相一致。

表10　　异质性分析：企业治理水平

	(1)	(2)
	内控指数较高组	内控指数较低组
Court	0.015	0.029**
	(1.446)	(2.110)
Size	0.003	-0.017
	(0.280)	(-1.062)
Lev	-0.027	-0.010
	(-0.669)	(-0.307)
Fix_asset	0.000	-0.000
	(0.000)	(-0.237)
Cashflow	0.005	-0.161**
	(0.076)	(-2.765)
Pb	0.033*	-0.010
	(1.747)	(-0.359)
Growth	0.000***	0.010**
	(6.472)	(2.400)
Age	-0.016	0.011
	(-1.696)	(1.052)
Dual	-0.004	0.013
	(-0.293)	(0.923)
Staff	-0.048***	-0.054***
	(-4.106)	(-4.128)
Fin	-0.046***	-0.105***
	(-3.398)	(-5.527)
LnPopu	1.941	0.732
	(0.822)	(0.348)
Output_st	-0.029	-0.093*
	(-0.782)	(-1.900)

续表

	（1）	（2）
	内控指数较高组	内控指数较低组
Output_se	−0.061	−0.058
	（−1.689）	（−1.059）
Output_rd	−0.035	0.036
	（−0.902）	（0.593）
Market	0.000	0.002
	（0.298）	（1.610）
Constant	−3.638	−0.166
	（−0.541）	（−0.028）
Year	Yes	Yes
Firm	Yes	Yes
N	2 491	2 164
R^2	0.752	0.693

注：*、**、***分别表示在10%、5%、1%水平上显著。

3.地区制度环境

当前，我国经济处于转轨时期，樊纲等（2003）发布的市场化指数分析报告中指出，我国各地区的资源禀赋和经济发展水平存在不同程度的差异。地区制度环境作为重要的外部因素会影响企业的经营决策，一方面，制度环境较差的地区，企业往往对政府有着更高的依赖程度。在这种环境下，司法保护更加严重，导致企业在面临法律纠纷时，往往得不到充分的法律保障（刘信恒，2021）。因此，当这些地区进行司法改革时，企业受到的冲击往往更为强烈。另一方面，制度环境较好的地区对应的金融中介机构的数量及发展情况也越好，企业有更多的机会进行融资（王婷、杜勇，2023）。从这个角度来看，我们推测相对于制度环境较好的企业而言，司法改革对处于制度环境较差地区的企业地方保护的减少作用更加明显，对其融资约束的改善程度也更高，因而更能够推动其异地采购规模的扩大。

为了验证这一推测，我们将研究样本根据王小鲁等（2019）编制的中国分省份市场化指数（Market）细分为制度环境较好组和制度环境较差组两个子样本，然后分别进行回归分析。有关回归结果列示于表11之中。由表11可知，在制度环境较差组中，巡回法庭设立的政策变量对企业省外采购规模的估计系数显著为正（估计系数 = 0.028，t值 = 2.138），但是在制度环境较好组的企业样本中估计系数却并不显著（估计系数 = -0.021，t值 = -1.592）。说明执行该政策对处于制度环境较差地区的企业影响更大，与我们的预期相符合。

表11 异质性分析：地区制度环境

	(1)	(2)
	制度环境较好组	制度环境较差组
Court	-0.021	0.028**
	(-1.592)	(2.138)
Size	-0.059***	-0.040***
	(-4.717)	(-2.868)
Lev	-0.000	-0.010
	(-0.005)	(-0.208)
EBIT	0.080	0.160**
	(0.782)	(2.112)
Cashflow	-0.084	-0.168***
	(-1.097)	(-2.957)
Pb	0.031	0.010
	(1.322)	(0.386)
Growth	0.005***	-0.000
	(6.536)	(-0.408)
Age	0.019	-0.014*
	(0.927)	(-1.733)
Hhi	0.011	0.066
	(0.088)	(0.753)
Fin	-0.027	-0.082***
	(-1.159)	(-4.130)
LnPopu	-0.131	-0.032
	(-0.090)	(-0.017)

续表

	(1)	(2)
	制度环境较好组	制度环境较差组
Output_st	0.000	−0.032
	(0.013)	(−0.847)
Output_se	−0.034	−0.066*
	(−0.695)	(−1.969)
Output_rd	0.037	0.041
	(0.725)	(1.268)
Constant	1.591	2.146
	(0.403)	(0.399)
Year	Yes	Yes
Firm	Yes	Yes
N	2 368	2 356
R^2	0.759	0.689

注：*、**、***分别表示在10%、5%、1%水平上显著。

六、结　论

本文利用最高人民法院设立巡回法庭这一自然实验场景，以我国A股上市公司为研究样本，实证检验了司法改革对全国统一大市场构建的影响及其作用机制。研究发现，巡回法庭的设立显著促进了企业跨区域采购规模的增长。作用机制检验显示，司法改革主要通过减少法律诉讼中的地方保护和缓解企业融资约束，进而促进了企业出口的增长。进一步的横截面分析显示，巡回法庭的设立对企业跨区域采购的影响存在显著的异质性，对于国有企业、治理水平较低的企业和处于制度环境较差地区的企业，司法改革对构建全国统一大市场的促进作用更加明显。

基于以上研究发现，本文提出如下研究启示：第一，进一步完善司法体制改革，建立并完善独立且高水平的司法制度和执法体制。从上述的研究我们不难发现，司法改革的确能够提升地方司法质量，减少地方保护，进一步完善司法体制改革能够有效地减少地方之间存在的保护主义壁垒，进而推动全国统一大市场的构建。第二，推动全国统一大市场的构建要因地制宜，具体问题具体分析。通过本文的异质性检验可以看出，不同企业特征、不同治理水平、不同的行业特征以及不同的地区特征均会影响全国统一大市场的建设，因此，我们在加快全国统一大市场建设的进程中，不能"一刀切"，要充分考虑当下存在的现实因素，综合考量，因地施策。

Judicial Reform and the Construction of a Unified National Market: Evidence from Offsite Procurement of Enterprises

Haoran Xu, Xinyu Du, Xinyao Zhang

Abstract At present, the Chinese economy is in a new stage of development, and under the development pattern of "dual circulation", the importance of building a unified national market is increasingly evident. The 2024 Government Work Report of the State Council once again emphasizes the need to accelerate the construction of a unified national market. With the help of the natural experimental scenario of gradually establishing circuit courts by the Supreme People's Court, this article examines the impact of judicial reform on the construction of a unified national market. Our research has found that after the establishment of circuit courts, the scale of off-site procurement by enterprises significantly increases. The mechanism of test shows that the establishment of circuit courts mainly promotes the growth of off-site procurement scale by reducing local protection in legal proceedings and alleviating financing constraints for enterprises. Further cross-sectional analysis shows that the establishment of circuit courts has a significant heterogeneous impact on the procurement of enterprises in different regions. The promotion effect of judicial reform is more pronounced for state-owned enterprises, enterprises with lower levels of internal governance, and enterprises in poor regional institutional environments. This study expands the literature system in the field of a unified national market, and the relevant conclusions have important reference value for further promoting the construction of a unified national market in China.

Key Words judicial reform; circuit courts; off-site procurement; a unified national market

参考文献

[1] 蔡宏波，童顺.扩大高水平对外开放对形成国内统一大市场的影响：理论逻辑与中国经验［J］.北京师范大学学报（社会科学版），2022（4）：112-122.

[2] 曹薇薇.人口政策转型期平等就业权的司法救济［J］.法学，2022（6）：175-192.

[3] 曾建中，刘桂东，庞睿.CEO财务专长、内部控制与企业绩效——基于中国上市公司的经验证据［J］.国际金融研究，2022（5）：87-96.

[4] 陈斌开，赵扶扬.外需冲击、经济再平衡与全国统一大市场构建——基于动态量化空间均衡的研究［J］.经济研究，2023，58（6）：30-48.

[5] 陈刚.法官异地交流与司法效率——来自高院院长的经验证据［J］.经济学（季刊），2012，11（4）：1171-1192.

[6] 陈刚，李树.司法独立与市场分割——以法官异地交流为实验的研究［J］.经济研究，2013，48（9）：30-42；70.

[7] 樊纲，王小鲁，张立文，等.中国各地区市场化相对进程报告［J］.经济研究，2003（3）：9-18.

[8] 范子英，赵仁杰.法治强化能够促进污染治理吗？——来自环保法庭设立的证据［J］.经济研究，2019，54（3）：21-37.

[9] 付成林，王德新.数字经济与统一大市场的因果效应与作用机制——基于有效市场和有为政府视角［J］.南方经济，2023（12）：107-127.

[10] 韩少真，潘颖，张晓明.公司治理水平与经营业绩——来自中国A股上市公司的经验证据［J］.中国经济问题，2015（1）：50-62.

[11] 胡汉辉，申杰.全国统一大市场建设如何赋能乡村振兴［J］.华南农业大学学报（社会科学版），2023，22（1）：23-35.

[12] 胡汉辉，申杰.在全国统一大市场建设中推进共同富裕——兼论国内大循环的畅通路径［J］.南方经济，2023（12）：143-158.

[13] 黄俊，陈信元，赵宇，等.司法改善与企业投资——基于我国巡回法庭设立的经验研究［J］.经济学（季刊），2021，21（5）：1521-1544.

[14] 黄斯琪，麦勇，晏景瑞.司法质量提升能改善企业社会责任脱耦吗？——基于巡回法庭设立的准自然实验［J］.外国经济与管理，2024，46（1）：33-47.

[15] 黄韬."全国"金融市场与"地方"法院——中国金融司法的央、地关系视角［J］.法学评论，2016，34（3）：26-40.

[16] 姜付秀，石贝贝，马云飙.信息发布者的财务经历与企业融资约束［J］.经济研究，2016，51（6）：83-97.

[17] 黎文靖，彭远怀，谭有超.知识产权司法保护与企业创新——兼论中国企业创新结构的变迁［J］.经济研究，2021，56（5）：144-161.

[18] 李荣融.进一步推进国有经济持续稳定较快发展［J］.宏观经济研究，2009（2）：3-7；28.

[19] 李万利，刘虎春，龙志能，等.企业数字化转型与供应链地理分布［J］.数量经济技术

经济研究，2023，40（8）：90-110.

［20］李毅，胡宗义，周积琨，等.环境司法强化、邻近效应与区域污染治理［J］. 经济评论，2022，234（2）：104-121.

［21］刘成昆，王健臣，王雨飞.高铁开通与企业客户空间分布——基于上市公司与异地客户分布范围的视角［J］. 经济与管理评论，2023，39（2）：22-33.

［22］刘慧，张俊瑞，周键.诉讼风险、法律环境与企业债务融资成本［J］. 南开管理评论，2016，19（5）：16-27.

［23］刘西涛，王盼.全国统一大市场构建：基于人才集聚与区域协调发展视角研究［J］. 济南大学学报（社会科学版），2023，33（4）：108-117.

［24］刘信恒.产业集聚、地区制度环境与成本加成率［J］. 中南财经政法大学学报，2021（6）：127-141.

［25］刘志彪.全国统一大市场［J］. 经济研究，2022，57（5）：13-22.

［26］刘中华，王心悦，曹瑜强.司法改善与企业债务融资——基于巡回法庭设立准自然实验的经验证据［J］. 财会月刊，2023，44（3）：57-64.

［27］罗小芳，卢现祥.交易成本、普遍制度与全国统一大市场［J］. 经济学动态，2023（6）：15-28.

［28］潘丽君.区域异质性视角下统一大市场构建研究［J］. 东南大学学报（哲学社会科学版），2023，25（5）：78-87；147.

［29］潘越，潘健平，戴亦一.公司诉讼风险、司法地方保护主义与企业创新［J］. 经济研究，2015，50（3）：131-145.

［30］戚聿东，郝越.以公平竞争审查制度促进全国统一大市场建设［J］. 南方经济，2022（8）：10-21.

［31］史本叶，马晓丽.国内价值链、全国统一大市场与企业出口产品质量［J］. 国际经贸探索，2023，39（4）：4-18.

［32］宋小宁，曹慧娟，马光荣.国家巡回法庭与资本跨区流动：央地司法关系视角［J］. 经济学（季刊），2023，23（5）：1793-1809.

［33］孙国锋，邹溪洋，王洪亮.对外开放对全国统一大市场建设的影响研究：基于我国市场分割的视角［J］. 中国软科学，2024（1）：99-109.

［34］王福华.小额诉讼与福利制度［J］. 中外法学，2016，28（1）：116-138.

［35］王婷，杜勇."一带一路"倡议与企业金融化——兼论制度环境及银行业竞争的调节效应［J］. 西南大学学报（社会科学版），2023，49（3）：129-141.

［36］王小鲁，樊纲，胡李鹏.中国分省份市场化指数报告（2018）［M］. 北京：社会科学文献出版社，2019.

［37］王彦超，姜国华，辛清泉.诉讼风险、法制环境与债务成本［J］. 会计研究，2016（6）：30-37；94.

［38］魏锋，沈坤荣.中国法制建设演进及其经济增长绩效［J］. 经济管理，2009，31（10）：1-6.

［39］谢贞发，杨健鹏，梅思雨.从隶属走向共享：财政利益、统一大市场与企业高质量发展

[J]. 数量经济技术经济研究，2024，41（2）：26-46.

[40] 袁淳，耿春晓，从阛匀，等.地区司法水平与产业结构升级——来自巡回法庭设立的证据［J］. 经济研究，2023，58（9）：171-189.

[41] 袁劲，冯桂媚，李玲玲，等.央地退税分担与企业采购的区位选择［J］. 经济研究，2023，58（10）：134-151.

[42] 袁劲，余丽丽，冯桂媚.统一大市场建设与企业采购的区位选择［J］. 金融研究，2024（1）：187-206.

[43] 张敦力，李四海.社会信任、政治关系与民营企业银行贷款［J］. 会计研究，2012（8）：17-24；96.

[44] 张可.跨地司法协同促进了经济增长吗？［J］. 中南财经政法大学学报，2023（6）：115-131.

[45] 赵仁杰，张家凯.地方司法体制改革与企业投资——来自地方法院人财物省级统管的证据［J］. 经济学（季刊），2022，22（2）：505-526.

[46] ARMSTRONG C S, JAGOLINZER A D, LARCKER D F. Chief executive officer equity incentives and accounting irregularities [J]. Journal of Accounting Research, 2010, 48 (2): 225-271.

[47] CARNWATH L. Judges and the common laws of the environment—at home and abroad [J]. Journal of Environmental Law, 2014 (62): 177-187.

[48] CHEN J, LIAO W, LIN T. Can non-audit services from shared auditors in the supply chain mitigate the impact of the bullwhip effect on investment efficiency? [J]. Management Accounting Research, 2022, 57 (Suppl C): 100816.

[49] EDWARDS V.A review of the court of justice's case law in relation to waste and environmental impact assessment: 1992-2011 [J]. Journal of Environmental Law, 2013, 25 (3): 515-530.

[50] FACCIO M, MASULIS R W, MCCONNELL J J. Political connections and corporate bailouts [J]. The Journal of Finance, 2006, 61 (6): 2597-2635.

[51] FAN J P H, WONG T J, ZHANG T. Politically connected CEOs, corporate governance, and Post-IPO performance of China's newly partially privatized firms [J]. Journal of Financial Economics, 2007, 84 (2): 330-357.

[52] GOPALAN R, MUKHERJEE A, SINGH M. Do debt contract enforcement costs affect fiancing and asset structure? [J]. Review of Financial Studies, 2016, 29 (10): 2774-2813.

[53] KAPLAN S N, ZINGALES L. Do investment-cash flow sensitivities provide useful measures of financing constraints? [J]. The Quarterly Journal of Economics, 1997, 112 (1): 169-215.

[54] LAI S, YANG L, WANG Q, et al. Judicial independence and corporate innovation: evidence from the establishment of circuit courts [J]. Journal of Corporate Finance, 2023, 80 (Suppl C): 102424.

[55] LA PORTA R, LOPEZ-DE-SILANES F, SHLEIFER A. Law and finance [J]. Journal of Political Economy, 1998, 106 (6): 1113-55.

[56] LEE T, YEH Y. Corporate Governance and financial distress: evidence from Taiwan [J].

Corporate Governance: An International Review, 2004, 12 (3): 378-388.

[57] LIU Y. Judicial independence and crash risk: evidence from a natural experiment in China [J]. Journal of Corporate Finance, 2023, 83 (Suppl C): 102490.

[58] WANG Z J, CHEN J. Will the establishment of circuit tribunals break up the circular reforms in the Chinese judiciary? [J]. Asian Journal of Comparative Law, 2019, 14 (1): 91-112.

[59] WHITED T M, WU G. Financial constraints risk [J]. Review of Financial Studies, 2006, 19 (2): 531-559.

[60] ZHAO D, YU A, GUO J. Judicial institutions, local protection and market segmentation: evidence from the establishment of interprovincial circuit tribunals in China [J]. China Economic Review, 2022, 75 (Suppl C): 101829.

第18辑，2025年
No. 18，2025
会计与控制评论
Review of Accounting and Control

产权性质、会计信息可比性与银行借款①

丁　鑫　宋美艺　钟凤英

（东北林业大学经济管理学院　哈尔滨　150040）

摘　要　本文以中国A股上市公司作为研究样板，研究会计信息可比性对上市公司银行借款的影响，以及在国有上市公司和民营上市公司发挥的不同效应。研究发现：会计信息可比性越高，上市公司获得银行借款规模越大，借款成本越低；对于国有上市公司，提高会计信息可比性能够显著增加其银行借款规模，并显著降低银行借款成本；与国有上市公司相比，提高会计信息可比性对增加民营上市公司的银行借款规模影响更大，但并没有显著降低其银行借款成本。进一步研究发现：在货币政策紧缩期间，提高上市公司会计信息可比性能够显著增加其银行借款规模，降低借款成本；且与会计信息稳健性、应计盈余质量相比，会计信息可比性对银行借款规模和借款成本的影响均是显著且稳健的。研究结论验证了会计信息可比性在上市公司银行信贷融资中的有用性，并为银行对国有上市公司和民营上市公司采取不同的信贷资源配置评价机制是一种市场化行为而并非信贷歧视提供经验证据支持，对未来学术研究、上市公司财务决策、政府部门政策制定具有重要的启示。

关键词　会计信息可比性　银行借款　产权性质　货币政策紧缩

①　基金项目：黑龙江省哲学社会科学研究规划项目“环保信用评级对公司绿色治理的驱动效应及策略优化研究”（项目编号：24GLB004）。作者简介：丁鑫，女，黑龙江哈尔滨人，东北林业大学经济管理学院副教授，研究方向为公司财务与资本市场、环境信息披露；宋美艺（本文通讯作者），女，黑龙江哈尔滨人，东北林业大学经济管理学院硕士研究生，研究方向为环境信息披露；钟凤英，女，山东阳谷人，东北林业大学经济管理学院副教授，研究方向为财务与会计。

一、引 言

在中国上市公司融资结构中，银行借款不仅是公司负债的主要形式，而且是公司外部融资的主要来源。根据CSMAR数据库统计，2005—2015年，在中国非金融类上市公司债务结构中，银行借款占总负债的均值约为36%。在公司总资产结构中，银行借款占总资产的均值达到19.00%。如何以更低的利率成本获得更多的银行贷款，对于上市公司融资至关重要。

银行作为资本市场中信贷主体，以降低资金成本，保持盈利进行商业运作为目标。上市公司的财务报告信息是银行信贷决策的信息来源之一。财务报告信息的质量势必会影响银行信贷资源的配置效率。高质量会计信息能有效缓解企业的融资约束，降低银企间的信息不对称程度，增强企业获得银行借款的资信度，影响信贷契约条款，包括银行借款的规模、利率、贷款期限和抵押条件等。

会计信息可比性作为会计信息质量特征之一，能够帮助信息使用者辨认和比较不同经济事项的异同，从而引导资源的优化配置（FASB，1980；IASB，2010）。从信息的完全性角度分析，会计信息可比性越高，银行的信息收集与处理成本以及信贷风险越低。De Franco等依据FASB对可比性的定义，基于盈余-收益模型，首次开创了基于公司层面会计信息可比性的经验研究。会计信息可比性经济后果已有研究发现，会计信息可比性能够提高市场参与者价值评估的准确性，从而降低公司的融资成本。De Franco等研究发现，会计信息可比性能够降低股权资本市场参与者价值评估的风险与成本。Kim等认为，会计信息可比性有助于减弱债券与CDS市场参与者感知风险的不确定性，进而降低债务融资的成本。

在银行的贷款决策中，是否会考量上市公司的会计信息可比性质量特征？会计信息可比性质量特征在银行贷款规模和利率成本中发挥的有效性如何？本文利用2005—2015年中国A股上市公司数据，首先，研究会计信息可比性对上市公司银行借款规模、利率成本的影响。其次，根据政府干预论、信息不对称理论及其衍生出相关的市场论和风险论，已有研究发现，产权性质差异影响银行的信贷决策。我们试图探索会计信息可比性质量特征在国有上市公司和民营上市公司的银行借款规模和利率成本中发挥的不同效应。最后，进一步检验在考虑会计信息稳健性和应计盈余质量以及货币政策紧缩时期，会计信息可比性质量特征在银行信贷决策中的有用性。通过实证研究，我们得出以下结论：第一，会计信息的可比性越高，上市公司获得银行借款规模越大，借款成本越低。与会计信息稳健性和应计盈余质量特征相比，会计信息可比性在银行信贷决策（规模和借款成本）中具有“不可替代”的有用性。第二，对于国有上市公司而言，提高会计信息可比性能够显著增加其获得的银行借款总量，并显著降低银行借款成本。进一步与会计信息稳健性、应计盈余质量相比，会计信息可比性质量特征能够发挥充分的有用性。第三，与国有上市公司相比，会计信息可比性对民营上市公司银行借款规模的正向影响更大，且差异显著。但是，提高会计信息可比性并没有显著降低民营上市公司的银行借款成本。第四，在货币政策紧缩期间，提高上市公司会计信息可比性能够显著增加其获得银行借款的规模，降低借款成本；银行对国有上市公司贷款规模决策中改变会计信息可比性质量特征关注的权重。不再显著，但是在其利率成本定价中，会计信息可比性质量特征依然占据重要的权重；银行在对民营上市公司贷款规模的决策中，更加注重会计信息可比性质量特征，但是在对民营上市公司贷款利率定价中，会计信息可比性该项指标仍然没有受到重视，对其承担的利率成本依然无显著影响。

与已有研究相比，本文可能的贡献之处在于：

第一，丰富会计信息可比性经济后果的研究。一方面，与已有研究检验会计信息可比性影响股权资本市场、债券与CDS市场融资成本不同，我们结合中国的制度背景，银行信贷在我国公司融资结构中占据更重要地位，本研究揭示了会计信息可比性质量特征在我国银行信贷契约中的重要性，拓展了会计信息可比性经济后果研究的视角；另一方面，与Kim等根据Moody's信用评级调整的变化检验会计信息可比性对交易债券的估计买卖价差、信用利差和信用违约互换期限结构影响不同的是，我们不仅研究会计信息可比性对上市公司银行借款的规模和借款成本的影响，更为重要的是根据中国上市公司产权性质和货币政策紧缩信贷传导效应，提供会计信息可比性影响我国信贷市场融资更为直接的经验证据。

第二，IASB（2010）将会计信息可比性质量特征作为提高会计信息决策有用性的基本特征。本文的实证结果为该结论提供经验证据支撑。现有研究发现高质量会计信息能够有效缓解企业的融资约束。本文的实证研究发现，在综合考虑会计信息可比性、会计稳健性和应计盈余质量三种代表会计信息质量不同层面特征时，与会计稳健性、应计盈余质量相比，会计信息可比性对银行借款规模和借款成本的影响是显著且稳健的。为会计信息可比性在会计信息质量特征各层级中具有的“增进质量特征”和“会计信息可比性在信贷契约中发挥更为重要的作用”提供很可能的经验证据，这也是我们选择会计信息可比性质量特征这一视角展开研究的动因之一。

第三，众多经验研究认为，银行的信贷资源倾向于国有企业，对民营企业存在明显的信贷歧视。本文的研究不仅为银行在一定程度上出于风险防控和营利性动机对国有上市公司和民营上市公司信贷资源配置采取不同的评价机制这一市场化行为提供经验证据支持，而且进一步研究发现，银行在对国有上市公司和民营上市公司信贷资源配置策略中，各项指标权重随着货币政策紧缩变化存在合理之处。

从2005—2015年证监会公告违规上市公司结果（见表7）可以看出，民营上市公司出现信息披露违规和经营违规数量远超过国有上市公司，并且呈现逐年上升趋势。本文实证结果发现，在民营上市公司贷款利率成本定价中，与国有上市公司不同的是，会计信息可比性指标不再占据重要的权重，并且总体上看，民营上市公司的银行借款成本也没有高于国有上市公司的银行借款成本（根据2005—2015年样本期间数据统计，民营上市公司和国有上市公司的借款成本没有显著差异，均在8%左右）。这些经验证据说明了商业化银行的理性行为，并未对民营上市公司存在“信贷歧视”。

本文其余部分结构安排如下：第二部分是文献回顾与理论分析；第三部分是研究设计；第四部分是实证结果与分析；第五部分是稳健性检验；第六部分是进一步分析；第七部分是本文主要结论与启示。

二、文献回顾与理论分析

（一）会计信息可比性与银行借款

银行在信贷决策和制定信贷契约方面主要受到评价拟贷款企业资质的信息成本和企业违约风险的影响。根据信息不对称理论，银行作为债权人与资金的需求方（企业）之间存在信息不对称，企业相比银行处于信息优势地位，使银行面临逆向选择以及道德风险等问题，这也是导致信贷市场出现信贷配给低效现象的主要原因。

会计信息决策有用观认为，高质量的会计信息不仅满足财务报告信息需求者决策需求，而且可以降低道德风险和信息不对称程度。因此，会计信息及其质量在银行与企业信贷契约的缔结与执行中发挥重要作用，成为缓解企业与银行之间信息不对称的重要渠道，也是银行评价企业违约风险的重要依据。现有研究发现，高质量会计信息能够增强企业获得银行借款的资信度，降低信用风险，有效缓解企业的融资约束。

可比性作为会计信息质量特征之一，被视为提高会计信息决策有用性的基本特征（IASB，2010）。具有可比性的会计信息才能有助于债权人等外部信息需求者进行合理决策。可比性的缺失将导致企业随意粉饰财务报告信息。De Franco等首次基于公司层面研究会计信息可比性的经济后果。会计信息可比性经济后果研究发现，提高会计信息可比性为证券分析师提供更高质量会计信息，有助于提高证券分析师的盈利预测准确度，抑制应计盈余管理行为，降低股价崩盘风险。Wang研究发现会计信息可比性的提高可以促进信息在国际资本市场间的传递。会计信息可比性的提高对管理层业绩预告的准确度具有促进作用。分析师倾向于解读会计信息可比性程度较高的财务报告。江轩宇等发现，会计信息可比性有助于克服市场摩擦，促进企业创新。

在融资方面，De Franco等认为，会计信息可比性增强可以降低投资者的信息收集与处理成本，能够降低股权资本市场参与者价值评估的风险与成本。Kim等认为，会计信息可比性有助于减弱债券与CDS市场参与者感知风险的不确定性，进而降低债务融资的成本。杨忠海等认为，财务报告可比性的提高能够降低资本市场的系统风险，提高股票流动性，从而提供了财务报告可比性的提高能够显著降低股权资本成本的经验证据。

因此，从信息的完全性角度分析，会计信息可比性的提高在资本市场上传递积极的信号，提升企业在资本市场中地位和信任等级，有助于降低资本市场参与者的风险与成本。在中国资本市场中，银行借款相比公司权益融资、债券融资等仍然占据重要地位。我们预期，在中国银行信贷融资决策中，会计信息可比性提高有助于降低银行的信贷风险，增加上市公司信贷规模，提高银行价值评估的准确性进而降低银行借款的成本。据此，提出研究假设H1：

H1：同条件下，会计信息可比性越高，上市公司获得的银行借款规模越大，借款成本越低。

（二）产权性质、银行信贷与会计信息可比性

产权性质差异对银行信贷影响研究主要涉及政府干预论和信息不对称等理论。

在政府干预论下，银行在政治利益驱动下很容易受到政府干预，民营企业和国有企业在获得银行信贷方面会有显著差别。大量研究发现，中国的信贷市场存在严重的“信贷歧视”。银行的信贷资源倾向于与政府有关系的国有企业，对民营企业存在明显的信贷歧视。

信息不对称理论及其衍生出的相关的市场论和风险论认为，银行信贷决策是基于风险的市场化行为。信息不对称理论认为，信贷市场信息不对称程度决定银行的信息获取成本和面临的违约风险的高低，这也是导致信贷市场出现信贷配给低效和信贷约束的主要原因。从违约风险角度分析，国有企业与政府之间的政治关系，其陷入财务困境时更容易得到政府支持。从外部治理环境角度分析，相对于非国有上市公司，外部治理环境对国有上市公司的盈余管理行为约束力更强。政府作了国有企业的“隐形担保人”，银行面临的违约风险降低。相比较而言，银行在对民营企业发放贷款时，面临更多的风险，因此使国有企业在向银行借款时能获得更多支持；从获取信息成本角度分析，Arrow研究发现，当银行获取企业的信用信息较难或者需要付出较高成本时，企业历史信息将作为银行评价其信用资质的重要参考。由于历史原因，与国有企业相比，民营企业发展历程较短，在银行保存的信用记录相对较少，与银行之间信息不对称程度较大，这导致银行进行信贷决策时，对民营

企业信用信息的获取成本和信用评价成本都会高于国有企业。

进一步，随着中国银行业的改革和中资银行效率的提高，以及银行业市场化运营的成熟，民营上市公司信息不对称程度和违约风险的降低，金融机构对民营企业和国有企业获得银行信贷方面的差异缩小，民营企业“信贷歧视”也随之缓解。冯晓雷等研究发现，银行出于商业化运作的考虑，在信贷决策过程中更加关注企业的还款能力等硬性指标，民营企业信贷融资难的问题不应简单归结为国有企业对信贷资源的垄断。刘运国等发现，中国银行在进行贷款时，在会计信息稳健性质量特征上，要求民营企业比国有企业更加严格。李四海等研究发现，会计盈余质量对贷款比例影响因产权性质不同存在差异。在民营企业中，会计盈余质量对银行借款决策影响更为显著。

可见，根据政府干预论、信息不对称理论及其衍生出相关的市场论和风险论，产权性质差异对银行信贷影响的研究结果表明，无论是出于“信贷歧视”还是“市场化行为”原因，相比于国有企业，银行业对民营企业是否发放贷款、贷款规模以及其他信贷条款控制更加严格。根据上文分析，上市公司会计信息可比性在银行信贷决策中具有有用性，会计信息可比性越高，上市公司获得的银行借款规模越大，借款成本越低。而产权性质差异影响银行的贷款决策，那么，我们预期会计信息可比性对银行借款规模和借款成本在民营上市公司和国有上市公司可能具有不同的影响，与国有企业相比，银行在贷款决策时对民营企业会计信息可比性质量特征要求更高，据此提出假设H2：

H2a：与国有上市公司相比，会计信息可比性对民营上市公司的银行借款规模的影响更大。

H2b：与国有上市公司相比，会计信息可比性对民营上市公司的银行借款成本的影响更大。

三、研究设计

（一）样本选择与数据来源

鉴于金融行业的特殊性，本文样本的选择范围限定于2005—2015年中国深沪两市的非金融A股上市公司；再剔除ST类公司、所有者权益为负、当年IPO公司以及数据缺失的公司；为避免内生性问题，自变量采用滞后期数据，本文最终样本期间是2006—2015年，8 333个观测值，其中，国有上市公司4 935个，民营上市公司3 398个。本文的数据主要来源于国泰安金融研究数据库（CSMAR）、Wind资讯金融数据库和锐思数据库。行业分类依据中国证监会2012年颁布的《上市公司行业分类指引》，其中制造业由于内部差异较大，取前两位代码分类，其他行业取第一位代码分类。

（二）变量定义

1.被解释变量

本研究从银行借款规模和银行借款成本两个方面研究会计信息可比性对公司银行借款的影响。

（1）银行借款规模

本文采用短期借款、长期借款和一年内到期的非流动负债三者之和度量公司获得的银行借款总额。为了消除公司规模对其银行借款总额的影响，将银行借款总额除以期末资产总额进行标准化，来表示银行借款规模，符号为Loan。

（2）银行借款成本

我们选择财务报表附注中本期财务费用明细中的“利息支出”项目除以本期银行借款总额来度量银行借款成本，记为IR，计算公式如下：

$$IRit = Interest\ expense_{it}/bankloan_{it} \tag{1}$$

其中，Interest $expense_{it}$ 表示利息支出；$bankloan_{it}$为短期借款、长期借款和一年内到期的非流动负债三项之和，即银行借款总额。

2.解释变量——会计信息可比性

本文借鉴De Franco等的方法，应用Basu模型控制盈余确认稳健性的影响，即好消息与坏消息确认的非对称性，并调整由于2007年开始执行新会计准则对会计盈余的影响，使用连续16个季度数据计量会计信息可比性。

首先，引入股票收益虚拟变量及其与股票收益的交叉项估算模型（2）：

$$Earnings_{it} = \alpha_i + \beta_i \times Return_{it} + \chi_i \times Neg_{it} + \gamma_i \times Neg_{it} \times Return_{it} + \varepsilon_{it} \tag{2}$$

其中，$Earnings_{it}$为公司i第t年度经调整后的会计盈余。由于2007年开始执行新准则，对2007年的前后会计盈余进行调整。2006年的会计盈余按原会计盈余加上投资收益后金额计算。2007—2015年的会计盈余冲减了其包含的公允价值变动损益。$Return_{it}$为公司i第t年度的股票收益率。Neg为虚拟变量，若年度股票收益率为负，则等于1，否则等于0，估计模型（2）的系数并将该估计系数代入模型（3）和（4），分别采用公司i与公司j的转换函数来计算其预期盈余。其中，E（$Earnings_{iit}$）是公司i预期的会计盈余，E（$Earnings_{ijt}$）是公司j预期的会计盈余。

$$E(Earnings_{iit}) = \hat{\alpha}_i + \hat{\beta}_i \times Return_{it} + \hat{\chi}_i \times Neg_{it} + \hat{\gamma}_i \times Neg_{it} \times Return_{it} \tag{3}$$

$$E(Earnings_{ijt}) = \hat{\alpha}_j + \hat{\beta}_j \times Return_{it} + \hat{\chi}_j \times Neg_{it} + \hat{\gamma}_j \times Neg_{it} \times Return_{it} \tag{4}$$

定义t年度同行业公司i和j的会计信息可比性为两公司预期盈余差异绝对值平均数的相反数，计算方法如下模型（5）。

$$Comp_{ijt} = -\frac{1}{16} \times \sum_{t-3}^{t} |E(Earnings_{iit}) - E(Earnings_{ijt})| \quad (5)$$

$Comp_{ijt}$为t年度同行业公司i和j组合的会计信息可比性，其值越大表示会计信息可比性越强。同时，考虑Cooper和Cordeiro研究发现投资者在评价会计信息可比性时，增加过多公司进行比较可能给评估结果带来噪声。因此，选择行业内可比性排名前4~6家公司进行比较更为稳健；我们将行业内所有与公司i配对组合的可比值按从大到小排序，计算出行业内可比性全部组合的均值和可比性组合排列中前四名的均值。本文分别用行业内可比性全部组合的均值，符号为Compa，行业内可比性最高的四对组合的平均值，符号为Comp4，测度公司层面会计信息可比性，而选取Comp4是为了满足稳健性测试的需要。

为了排除极端值的影响，本文对被解释变量（Loan、IR）和主解释变量（Compa、Comp4）指标均作了1%~99%区间的Winsorize处理。

3.控制变量

参考Booth等、叶康涛、祝继高和邓路等研究银行借款影响因素文献，选取资产负债率（Lev）、公司规模（Size）、经营活动现金净流量（CFO）、商业信用（TC）、总资产增长率（Growth）、净资产收益率（ROE）、总资产周转率（Tatn）、固定资产比例（Fratio）、股权集中度（Top5）、应计盈余管理（Accrual）、是否发行债券（Bond）、是否股权再融资（Stock）、是否发放现金股利（Cashdiv）、年度（Year）和行业（Ind）作为控制变量。控制变量的定义及其度量见表1：

表1 控制变量的定义与度量

变量名	含义	计算方法
Lev	资产负债率	期末总负债/期末总资产
Size	公司规模	期末总资产的自然对数
CFO	内部现金流	经营活动产生的现金流量净额
TC	商业信用	参照陆正飞和杨德明（2011）的做法，将商业信用定义为（应付账款+应付票据+预收账款）/总资产
Growth	总资产增长率	（期末总资产-期初总资产）/期初总资产
ROE	净资产收益率	净利润/股东权益余额
Tatn	总资产周转率	营业收入/平均资产总额
Fratio	固定资产比例	固定资产净值/期末总资产
Top5	股权集中度	公司前5位大股东持股比例之和
Accrual	应计盈余管理	修正的琼斯模型得出的可操控性应计

续表

变量名	含义	计算方法
Bond	发行债券虚拟变量	发行公司债券取值为1；否则为0
Stock	股权再融资虚拟变量	进行股权再融资取值为1；否则为0
Cashdiv	发放现金股利虚拟变量	发放现金股利取值为1；否则为0
$Year_t$	年度虚拟变量	t=1，2，…，10；注意：只有9个变量纳入模型，多重共线性检验值方差膨胀因子最大的变量将被剔除
Ind_j	行业虚拟变量	j=1，2，…，18；注意：只有17个变量纳入模型，多重共线性检验值方差膨胀因子最大的变量将被剔除

（三）研究模型

为检验会计信息可比性对我国上市公司银行借款的影响，参考Booth等、叶康涛、祝继高和邓路等研究银行借款影响因素的文献，构建如下回归模型（6）。首先，检验会计信息可比性对银行借款规模的影响，其次，检验会计信息可比性对银行借款成本的影响，最后，根据上述模型（6）分民营上市公司和国有上市公司两组样本，考察会计信息可比性在不同产权性质的上市公司，对银行借款规模和借款成本的不同影响，分组检验，并进行组间系数差异显著性检验。

$$\begin{aligned} Loan_{it}/IR_{it} = {} & \beta_0 + \beta_1 Comp_{i,\ t-1} + \beta_2 Lev_{i,\ t-1} + \beta_3 Size_{i,\ t-1} + \beta_4 CFO_{i,\ t-1} + \\ & \beta_5 TC_{i,\ t-1} + \beta_6 Growth_{i,\ t-1} + \beta_7 ROE_{i,\ t-1} + \beta_8 Tatn_{i,\ t-1} + \\ & \beta_9 Fratio_{i,\ t-1} + \beta_{10} Top5_{i,\ t-1} + \beta_{11} Accrual_{i,\ t-1} + \beta_{12} Bond_{i,\ t-1} + \\ & \beta_{13} Stock_{i,\ t-1} + \beta_{14} Cashdiv_{i,\ t-1} + \sum Year + \sum Ind + \varepsilon \end{aligned} \tag{6}$$

四、实证结果与分析

（一）描述性统计

表2描述了主要变量银行借款规模（Loan）、借款成本（IR）和会计信息可比性（Compa、Comp4）的统计值。在全样本中，银行借款规模即银行借款总额占总资产的均值为0.220，中位数0.208，最大值为0.630，说明目前银行信贷仍是我国上市公司的主要融资来源。银行借款成本的均值为0.081，最大值为0.986，最小值为0.003，说明我国上市公司银行借款成本之间差距悬殊。主解释变量会计信息可比性，行业内会计信息可比性全部组合的均值（Compa）的平均数为-0.032，最小值为-0.099，最大值为-0.010。行业内会计信息可比性前4组合的均值（Comp4）

的平均数为-0.008，最小值为-0.044，最大值为-0.001。会计信息可比性的最小值与最大值间差距较大，说明我国上市公司之间的会计信息质量的可比性需要进一步提高。

表2 主要变量的描述性统计

	观测值	均值	中位数	标准差	最小值	最大值
Loan	8333	0.220	0.208	0.159	0	0.630
IR	7093	0.081	0.060	0.115	0.003	0.986
Compa	8333	−0.032	−0.028	0.016	−0.099	−0.010
Comp4	8333	−0.008	−0.005	0.007	−0.044	−0.001

（二）多元回归分析

1.会计信息可比性与上市公司的银行借款规模及借款成本

表3的第（1）列和第（2）列报告会计信息可比性与上市公司的银行借款规模的回归结果，第（3）列和第（4）列报告会计信息可比性与银行借款成本的回归结果。第（1）列和第（2）列的检验结果表明，会计信息可比性与银行借款规模的回归系数分别为0.511和0.897，且显著为正，说明会计信息的可比性越高，上市公司获得的银行借款规模越大。在第（3）列和第（4）列中，会计信息可比性与银行借款成本的回归系数分别为-0.212和-0.498，且显著为负，说明会计信息可比性越高，上市公司获得的银行借款成本越低，支持研究假设1，即上市公司的会计信息可比性越高，其获得的银行借款越多，借款成本越低。此外，我们发现，在表3的四组回归模型中，应计盈余管理对银行借款规模和借款成本的影响均是不显著的。

表3 会计信息可比性与银行借款规模及借款成本

	Loan		IR	
	（1）	（2）	（3）	（4）
Compa	0.511^{***} （5.75）		-0.212^{*} （−1.93）	
Comp4		0.897^{***} （4.75）		-0.498^{**} （−2.24）
Lev	0.714^{***} （79.65）	0.713^{***} （78.94）	-0.073^{***} （−5.89）	-0.074^{***} （−5.97）
Size	0.005^{***} （3.70）	0.004^{***} （3.29）	−0.000 （−0.27）	−0.000 （−0.28）

续表

	Loan		IR	
	(1)	(2)	(3)	(4)
CFO	-0.139***	-0.139***	0.041*	0.041*
	(-8.90)	(-8.96)	(1.88)	(1.87)
TC	-0.689***	-0.688***	0.090***	0.090***
	(-60.90)	(-60.74)	(5.29)	(5.29)
Growth	0.000***	0.000***	-0.000***	-0.000***
	(12.05)	(12.03)	(-2.61)	(-2.63)
ROE	0.011**	0.011**	-0.005**	-0.005**
	(2.52)	(2.57)	(-2.52)	(-2.53)
Tatn	0.001	0.000	0.001	0.002
	(0.35)	(0.16)	(0.61)	(0.64)
Fratio	0.064***	0.064***	-0.023**	-0.023**
	(8.80)	(8.78)	(-2.32)	(-2.33)
Top5	-0.000***	-0.000***	0.000	0.000
	(-4.13)	(-4.16)	(0.70)	(0.69)
Accrual	-0.008	-0.008	0.009	0.009
	(-1.34)	(-1.22)	(1.63)	(1.59)
Bond	-0.003	-0.002	0.009**	0.009**
	(-0.69)	(-0.63)	(2.30)	(2.28)
Stock	-0.011***	-0.011***	0.002	0.002
	(-3.26)	(-3.25)	(0.36)	(0.37)
Cashdiv	0.003	0.003	-0.005**	-0.005*
	(1.31)	(1.40)	(-1.98)	(-1.92)
Cons	-0.094***	-0.090***	0.093***	0.093***
	(-3.65)	(-3.49)	(3.21)	(3.22)
Year	控制	控制	控制	控制
Ind	控制	控制	控制	控制
F	780.88***	773.19***	10.16***	10.20***
Adj_R^2	0.672	0.671	0.037	0.037
N	8 333		7 093	

注：括号内是White异方差校正后的T检验统计值；***、**和*分别表示检验在1%、5%和10%水平上显著（双尾）。

2.产权性质、会计信息可比性与银行借款规模

表4报告不同产权性质下会计信息可比性对其银行借款规模的不同影响。在民营上市公司样本中，会计信息可比性与银行借款规模的回归系数分别为0.897和1.737，分别高于在国有上市公司样本中会计信息可比性与银行借款规模的回归系数0.309和0.593，并且均显著为正。表4的检验结果验证，与国有上市公司相比，会计信息可比性对民营上市公司银行借款规模影响更大。然而，会计信息可比性对银行借款规模影响在民营上市公司和国有上市公司样本中是否存在显著差异呢？表5报告上述表4两组回归系数差异显著性检验的相关估计结果。会计信息可比性在国有上市公司和民营上市公司中，对银行借款规模影响差异卡方值分别为7.56和5.17，且显著，说明会计信息可比性在国有上市公司和民营上市公司中，对银行借款规模影响差异是显著的。

表4 产权性质、会计信息可比性与银行借款规模

	Loan			
	民营上市公司		国有上市公司	
	(1)	(2)	(3)	(4)
Compa	0.897^{***} (5.26)		0.309^{***} (2.96)	
Comp4		1.737^{***} (4.38)		0.593^{***} (2.73)
Lev	0.657^{***} (46.75)	0.657^{***} (46.56)	0.738^{***} (62.95)	0.739^{***} (61.86)
Size	0.008^{***} (3.75)	0.008^{***} (3.57)	0.005^{***} (2.95)	0.005^{***} (2.91)
CFO	-0.108^{***} (-4.99)	-0.110^{***} (-5.04)	-0.173^{***} (-6.41)	-0.172^{***} (-6.36)
TC	-0.630^{***} (-32.90)	-0.627^{***} (-31.83)	-0.702^{***} (-48.39)	-0.702^{***} (-48.33)
Growth	0.000 (0.11)	0.000 (0.01)	0.000^{***} (11.25)	0.000 (11.28)
ROE	0.006 (1.26)	0.006 (1.37)	0.016 (1.65)	0.016 (1.65)

续表

	Loan			
	民营上市公司		国有上市公司	
	(1)	(2)	(3)	(4)
Tatn	0.002 (0.68)	0.001 (0.53)	-0.000 (-0.05)	-0.000 (-0.14)
Fratio	0.066*** (5.61)	0.066*** (5.60)	0.064*** (6.91)	0.064*** (6.88)
Top5	-0.000* (-1.72)	-0.000 (-1.50)	-0.000*** (-4.52)	-0.000*** (-4.54)
Accrual	-0.005 (-1.18)	-0.005 (-1.07)	-0.010 (-0.53)	-0.009 (-0.48)
Bond	-0.005 (-0.77)	0.005 (0.73)	-0.005 (-1.00)	-0.005 (-0.95)
Stock	-0.015*** (-3.02)	-0.015*** (-3.02)	-0.008* (-1.93)	-0.009* (-1.95)
Cashdiv	0.004 (1.14)	0.005 (1.35)	0.000 (0.21)	0.000 (0.15)
Cons	-0.133*** (-3.02)	-0.134*** (-3.04)	-0.113*** (-3.33)	-0.116*** (-3.33)
Year	控制	控制	控制	控制
Ind	控制	控制	控制	控制
F	138.58	136.71	655.54	670.92
Adj_R^2	0.632	0.631	0.703	0.702
N	3 398	3 398	4 935	4 935

注：括号内是White异方差校正后的T检验统计值；***、**和*分别表示检验在1%、5%和10%水平上显著（双尾）。

表4和表5的检验结果说明，一方面，无论是国有上市公司还是民营上市公司中，会计信息可比性质量特征越高，其获得的银行借款越多，进一步验证研究假设1；另一方面，与国有上市公司相比，在民营上市公司中，会计信息可比性对上市公司银行借款规模影响更大，支持研究假设2a。

表5 不同产权性质下银行借款规模回归系数差异性检验

	民营上市公司	国有上市公司	卡方（chi2）
	（1）	（2）	（3）
Compa	0.897*** （5.13）	0.309*** （3.18）	7.56*** （0.006）
Comp4	1.737*** （4.36）	0.593*** （3.03）	5.17** （0.023）

注：***、** 和*分别表示检验在1%、5%和10%水平上显著（双尾）。

3.产权性质、会计信息可比性与银行借款成本

表6报告不同产权性质下会计信息可比性对其银行借款成本的不同影响。第（1）和（2）列结果显示：在民营上市公司中，会计信息可比性与银行借款成本关系不显著。该结果说明，仅对民营上市公司而言，提高会计信息可比性并没有显著降低民营上市公司获得的银行借款成本，研究假设2b没有得到经验证据支持。第（3）和（4）列结果显示，在国有上市公司样本中会计信息可比性与银行借款成本依然显著为负。该结果说明，仅对国有上市公司而言，提高会计信息可比性能够显著降低国有上市公司获得的银行借款成本。结合表4中第（3）和（4）列关于会计信息可比性对国有上市公司银行借款规模的正向显著影响，可以得出结论：对国有上市公司而言，提高会计信息可比性，有助于其以更低的借款成本，获得更多的银行贷款，充分表现会计信息可比性在国有上市公司银行信贷融资中发挥的作用。

表6 产权性质、会计信息可比性与银行借款成本

	IR			
	民营上市公司		国有上市公司	
	（1）	（2）	（3）	（4）
Compa	0.014 （0.09）		−0.319** （−2.24）	
Comp4		0.095 （0.34）		−0.784*** （−2.73）
Lev	−0.035** （−2.21）	−0.035** （−2.21）	−0.100*** （−5.62）	−0.102*** （−5.75）
Size	0.003 （1.14）	0.003 （1.17）	−0.001 （−0.63）	−0.002 （−0.71）
CFO	0.054* （1.74）	0.054* （1.75）	0.035 （1.20）	0.034 （1.13）

续表

	IR			
	民营上市公司		国有上市公司	
	(1)	(2)	(3)	(4)
TC	0.070*** (2.96)	0.070*** (2.95)	0.095*** (4.09)	0.096*** (4.12)
Growth	−0.000** (−2.50)	−0.000** (−2.51)	−0.000* (−1.75)	−0.000* (−1.82)
ROE	−0.003* (−1.87)	−0.003* (−1.87)	−0.006* (−1.75)	−0.006* (−1.65)
Tatn	0.004 (1.45)	0.004 (1.45)	−0.000 (−0.05)	−0.000 (−0.03)
Fratio	−0.011 (−0.69)	−0.011 (−0.68)	−0.032** (−2.39)	−0.031** (−2.36)
Top5	−0.000 (−1.59)	−0.000 (−1.59)	0.000** (2.32)	0.000** (2.34)
Accrual	0.006 (1.03)	0.006 (1.03)	0.015 (1.24)	0.014 (1.16)
Bond	−0.005 (−0.69)	−0.005 (−0.68)	0.016*** (3.40)	0.016*** (3.42)
Stock	0.001 (0.19)	0.001 (0.18)	0.003 (0.45)	0.003 (0.46)
Cashdiv	−0.014*** (−3.37)	−0.014*** (−3.36)	0.001 (0.28)	0.002 (0.44)
Cons	0.042 (0.88)	0.041 (0.86)	0.107*** (2.76)	0.112*** (2.87)
Year	控制	控制	控制	控制
Ind	控制	控制	控制	控制
F	6.45	6.52	5.90	5.90
Adj_R^2	0.041	0.041	0.052	0.052
N	2 892	2 892	4 201	4 201

注：括号内是White异方差校正后的T检验统计值；***、** 和*分别表示检验在1%、5%和10%水平上显著（双尾）。

表3的检验结果揭示，在不考虑上市公司产权性质差异下，对上市公司总体而言，提高会计信息可比性，有助于上市公司以更低的借款成本，获得更多的银行贷款。但是，表4、表5和表6的结果意味着，对于民营上市公司而言，提高会计信息可比性，有助于增加其获得银行借款的规模，但没有显著降低借款的成本。

对于上市公司而言，我们关注点为借款成本；对于银行而言，该借款成本即为利率，是银行信贷资金的价格。利率是调节货币政策的重要工具，对发挥社会信用和经济杠杆作用有着重要的意义。本文研究银行借款成本问题，样本期间2005—2015年正处于利率市场化改革中。放开利率管制意味着商业银行根据自身情况来决定自己的存贷款利率。在这十几年里，国内的商业银行陆续制定自己的利率定价机制，包括利率管理办法、利率定价方法和定价模型等。各商业银行采用的利率定价方法、定价技术、采用的模型、测算方法都存在很大差异[①]，没有公开、统一的制度或文件。针对这个问题，笔者分别与摩根大通银行、浦发银行和中国银行的实务界人士请教。据悉，银行在对企业贷款利率定价过程中，系统对企业进行评级一般包括定量指标和定性指标两大类，并赋予不同的权重[②]，获得综合评分，评估风险。评级限定了利率的下限。不同风险企业，获得不同的评级，最后承担程度不同的资金价格，即利率。其中，定量信息主要是公司的成立时间、规模和财务指标等。定性信息包括企业股权性质（国有和民营），实际管理人的道德评价与从业经验、综合贡献度等。

前面的实证研究结果表明，对于民营上市公司而言，提高会计信息可比性，有助于增加其获得银行借款的规模，但没有显著降低借款的成本。在同条件下，对国有上市公司，提高会计信息可比性，有助于其以更低的借款成本，获得更多的银行贷款。这意味着银行对企业利率定价过程中，在其他条件相同情况下，对国有上市公司贷款利率的定价中，会计信息可比性仍然占据重要的权重；但是对于民营上市公司贷款利率的定价中，会计信息可比性不再占据重要的权重。我们预期该结果揭示，银行对上市公司利率的定价中，公司的股权性质（国有和民营）这项定性信息很可能占据很大的权重。对于民营上市公司贷款利率定价中，财务报告信息质量（会计信息可比性）这项定量指标的权重并不显著。那么，银行对民营上市公司和国有上市公司贷款利率定价模型中存在的差异，是出于主观认知上的“歧视”？还是基于大数据统计客观分析后的理性决策？

为此，本文对2005—2015年间，证监会公告的上市公司违规数据进行统计分析。

上市公司披露的信息是金融机构贷款利率定价的重要参考依据。因此，我们按

① 关于利率定价方法适用范围较广的主要有成本加成定价法、基准利率加点法、客户盈利分析法、交易利率定价法、风险调整的资本收益率法（马运全，2014）。

② 银行的工作人员在为贷款评级录入企业信息时，模型中各个指标的权重，设定评级模型时已确定。

违规类型分类，统计信息披露违规（包括虚构利润、虚增资产、虚假记载、一般会计处理不当等）的上市公司中，国有上市公司和民营上市公司数量，见表7第（1）和（2）列。2005—2015年间，信息披露违规的民营上市公司数量明显高于违规的国有上市公司数量。从2010年开始，在信息披露违规公司中，民营上市公司的数量几乎是国有上市公司数量的2倍。同时，我们按经营违规包括内幕交易、欺诈上市、违规担保和操纵股价等违规类型，统计经营违规的国有上市公司和民营上市公司的违规数量和比例，见表7第（3）和（4）列。2005—2015年的各年度内，经营违规的民营上市公司数量均明显高于经营违规的国有上市公司数量，呈现出逐年上升的趋势。

表7 2005—2015年证监会公告信息披露违规和经营违规的上市公司

年份	信息披露违规		经营违规	
	民营上市公司	国有上市公司	民营上市公司	国有上市公司
	（1）	（2）	（3）	（4）
2005	33	29	21	17
2006	28	21	20	15
2007	33	25	24	15
2008	25	21	32	20
2009	31	27	59	41
2010	38	20	50	30
2011	65	33	87	44
2012	110	71	173	85
2013	139	75	201	95
2014	127	57	181	88
2015	203	120	252	142

注：初始数据来源于CSMAR违规处罚数据库，经Stata软件处理后结果（单位：个）。

从表7证监会信息披露违规和经营违规公告结果，我们可以逆向推断出，与国有上市公司相比，民营上市公司的内部控制制度执行力、道德风险、经营等方面的确存在很大的弊端。民营上市公司的信用风险的确比国有上市公司的信用风险高很多。

利率作为资金的价格，影响到银行的盈利能力甚至金融行业的稳定性。利率风险是银行面临最重要的风险之一，银行在对民营上市公司贷款利率定价中，提高利率风险的警觉性，这一点不仅是针对银行而言，而且对于资本市场中的其他金融机构也是合理的。民营上市公司贷款利率评定指标的权重上与国有上市公司存在差异，会计信息可比性该项指标的权重并不显著，会更倾向选择更能体现民营上市公司信用风险的其他指标，赋予更大的权重。这对于一个理性经济主体——银行而言，在一定程度上是其客观分析后的理性决策，并非对民营上市公司的“信贷歧视”。因此，会计信息可比性质量特征对民营上市公司借款成本的影响不显著，但是依然能够显著降低国有上市公司的借款成本。

五、稳健性检验

（一）群调整

本研究是混合样本数据，一家上市公司在样本期间中出现多次，这可能引起观测值组内各年度的序列相关，因此首先采用对估计系数方差进行群（Cluster）调整，来验证上文实证检验结果的稳健性。

表8结果显示，群调整后，会计信息可比性与银行借款规模依然显著正相关，与借款成本依然显著负相关，进一步支持研究假设1。

表8　　会计信息可比性与银行借款规模及借款成本群调整

	Loan		IR	
	（1）	（2）	（3）	（4）
Compa	0.511*** （4.33）		−0.212* （−1.76）	
Comp4		0.897*** （3.48）		−0.498** （−2.07）
F	393.7***	392.02	7.17***	7.14***
R^2	0.672	0.671	0.037	0.037
N	8 333		7 093	

注：***、** 和*分别表示检验在1%、5%和10%水平上显著（双尾）。

表9报告不同产权性质下会计信息可比性与银行借款规模、借款成本群调整回归结果。结果显示群调整后，第（1）列到（4）列检验结果支持研究假设2a：与

国有上市公司相比，会计信息可比性对民营上市公司银行借款规模影响更大的研究结论。第（5）列到（8）列，在民营上公司中，会计信息可比性与银行借款成本关系不显著；在国有上市公司样本中会计信息可比性与银行借款成本依然显著为负；群调整后的检验结果与表6的结果具有一致性，没有发现经验证据支持研究假设2b：与国有上市公司相比，会计信息可比性对民营上市公司银行借款成本影响更大。

表9 产权性质、会计信息可比性与银行借款规模及借款成本群调整

	Loan				IR			
	民营上市公司		国有上市公司		民营上市公司		国有上市公司	
	（1）	（2）	（3）	（4）	（5）	（6）	（7）	（8）
Compa	0.897*** （3.81）		0.309*** （2.96）		0.014 （0.07）		−0.319** （−2.13）	
Comp4		1.737*** （3.23）		0.593*** （2.73）		0.095 （0.27）		−0.784** （−2.55）
F	69.34	68.43	655.54	670.92	6.45	6.52	5.90	5.90
R^2	0.632	0.631	0.703	0.702	0.041	0.041	0.052	0.052
N	3 398		4 935		2 892		4 201	

注：***、** 和*分别表示检验在1%、5%和10%水平上显著（双尾）。

（二）产权性质、会计信息可比性与超额银行借款稳健性检验

银行借款规模采用行业均值法调整后的超额银行借款指标度量。Scott和Martin研究发现不同行业公司的债务比例有较大差异，因此，借鉴邓璐等，首先按照如下公式（7），计算经资产加权平均后的行业平均银行借款确定公司目标银行借款；再按照公式（8），用公司实际银行借款减去公式（7）估算出来的目标银行借款，得到该公司超额银行借款。

表10报告了会计信息可比性对超额银行借款规模的影响以及在不同产权性质下的不同影响。表10的第（1）列和（2）列显示，会计信息可比性越高，上市公司获得的超额银行借款规模越大。第（3）列和（4）列显示，与国有上市公司相比，会计信息可比性对民营上市公司超额银行借款规模影响更大。

$$Tloanit = \sum_{i=1}^{n}(Loan_{it} \times Asset_{it}) / \sum_{i=1}^{n} Asset_{it} \tag{7}$$

$$Eloanit = Loan_{it} - Tloan_{it} \tag{8}$$

表10 产权性质、会计信息可比性与超额银行借款稳健性检验

	Eloan					
	全样本		民营上市公司		国有上市公司	
	(1)	(2)	(3)		(4)	
Compa	0.417*** (4.68)		0.851*** (5.11)		0.308*** (2.84)	
Comp4		0.762*** (4.14)		1.611*** (4.28)		0.643** (2.78)
F	640.45***	742.88***	129.15***	127.59***	638.45***	659.93***
Adj_R^2	0.660	0.653	0.625	0.624	0.592	0.692
N	8 373		3 398		4 935	

注：括号内是White异方差校正后的T检验统计值；***、** 和*分别表示检验在1%、5%和10%水平上显著（双尾）。

（三）产权性质、会计信息可比性与银行借款成本稳健性检验

我们将银行借款成本采用本期利息支出除以上一期银行借款总额作为替代变量进行稳健性检验。表11报告了会计信息可比性对银行借款成本影响的稳健性结果及其不同产权性质下会计信息可比性与银行借款成本关系。第（1）列和（2）列结果显示：会计信息可比性越高，上市公司获得银行借款的成本越低，支持研究假设1。第（3）列和（4）列显示，在民营上公司中，会计信息可比性与银行借款成本关系不显著；在国有上市公司样本中会计信息可比性与银行借款成本依然显著为负，稳健性结果依然说明与国有上市公司相比，会计信息可比性对民营上市公司银行借款成本影响更大的假设不成立。

表11 产权性质、会计信息可比性与银行借款成本稳健性检验

	IR					
	全样本		民营上市公司		国有上市公司	
	(1)	(2)	(3)		(4)	
Compa	−0.172*** (−2.19)		−0.153 (−1.11)		−0.189*** (−2.15)	
Comp4		−0.274*** (−1.78)		−0.238 (−0.79)		−0.337*** (−1.89)
F	296.63***	296.55***	5.23***	5.21***	9.30***	9.27***
Adj_R^2	0.070	0.070	0.057	0.057	0.074	0.074
N	6 945		2 813		4 132	

注：括号内是White异方差校正后的T检验统计值；***、** 和*分别表示检验在1%、5%和10%水平上显著（双尾）。

六、进一步分析

（一）会计信息稳健性质量特征的影响

已有研究发现，作为会计信息质量特征之一的会计稳健性，在债务契约中缓解管理层与债权人代理冲突发挥重要作用。公司会计稳健性越高，有助于获得新增贷款，缓解公司的融资约束。为此，我们在研究模型（5）的基础上，加入会计稳健性指标，即在同时控制会计信息质量的其他特征：应计盈余质量和会计稳健性时，验证上文中公司会计信息可比性对其银行借款规模和借款成本和信贷期限结构影响结果的稳健性。我们借鉴Khan和Watts的Cscore模型，度量会计稳健性，指标Cscore数值越大，会计信息的稳健性越强。

1.会计信息可比性与银行借款：会计信息稳健性的影响

表12报告了在研究模型（5）的基础上，加入会计稳健性指标后会计信息可比性对银行借款规模和借款成本的回归结果。结果显示，会计信息可比性与银行借款规模之间依然显著正相关；会计信息可比性与借款成本之间依然显著负相关；会计信息可比性越高，上市公司获得的银行借款规模越大，借款成本越低，进一步验证研究假设1。此外，结果显示应计盈余质量在表12各组回归中均不显著。会计稳健性（Cscore）与银行信贷规模回归中显著，但是与银行借款成本无显著关系。

表12 会计信息稳健性对会计信息可比性与银行借款的影响

	Loan		IR	
	（1）	（2）	（3）	（4）
Compa	0.505*** （5.68）		−0.212* （−1.94）	
Comp4		0.884*** （4.68）		−0.507** （−2.28）
Accrual	−0.008 （−1.29）	−0.007 （−1.18）	0.009 （1.33）	0.008 （1.29）
Cscore	−0.001*** （−2.96）	−0.001*** （−2.93）	0.000 （0.63）	0.000 （0.61）
其他控制变量	控制	控制	控制	控制

续表

	Loan		IR	
	(1)	(2)	(3)	(4)
Year	控制	控制	控制	控制
Industry	控制	控制	控制	控制
F	750.90	753.64	10.11	10.16
Adj_R^2	0.670	0.669	0.034	0.034
N	8 311		7 074	

注：***、**和*分别表示检验在1%、5%和10%水平上显著（双尾）。

2.产权性质、会计信息可比性与银行借款：会计信息稳健性的影响

表13报告在民营上市公司和国有上市公司中，会计信息可比性、会计信息稳健性和应计盈余质量三种代表会计信息质量不同层面特征对银行借款规模和借款成本的检验结果。会计信息可比性对信贷契约影响是最显著的。

表13　会计信息稳健性对产权性质、会计信息质量特征与银行借款的影响

	Loan				IR			
	民营上市公司		国有上市公司		民营上市公司		国有上市公司	
	(1)	(2)	(3)	(4)	(5)	(6)	(7)	(8)
Compa	0.887***		0.306***		−0.011		−0.313**	
	(5.17)		(2.93)		(−0.07)		(−2.21)	
Comp4		1.721***		0.579***		0.056		−0.785***
		(4.33)		(2.67)		(0.20)		(−2.73)
Accrual	−0.005	−0.005	−0.010	−0.010	0.004	0.004	0.018	0.017
	(−1.15)	(−1.04)	(−0.54)	(−0.49)	(0.49)	(0.50)	(1.48)	(1.39)
Cscore	−0.000	−0.000	−0.001***	−0.001***	0.000	0.000	0.000	0.000
	(−0.88)	(−0.87)	(−3.01)	(−2.96)	(0.39)	(0.39)	(0.18)	(0.15)
其他控制变量	控制	控制	控制	控制	控制	控制	控制	控制
Year	控制	控制	控制	控制	控制	控制	控制	控制
Industry	控制	控制	控制	控制	控制	控制	控制	控制

续表

	Loan				IR			
	民营上市公司		国有上市公司		民营上市公司		国有上市公司	
	(1)	(2)	(3)	(4)	(5)	(6)	(7)	(8)
F	134.801	133.039	644.645	659.395	5.875	5.904	6.062	6.114
Adj_R^2	0.626	0.625	0.700	0.700	0.031	0.031	0.043	0.044
N	3 387		4 924		2 822		4 192	

注：***、** 和*分别表示检验在1%、5%和10%水平上显著（双尾）。

对于银行借款规模而言，表13的（1）列至（4）列结果揭示，在民营上市公司和国有上市公司中，提高会计信息可比性均能显著银行借款规模，并且在民营上市公司样本中，会计信息可比性与银行借款规模的回归系数分别高于其在国有上市公司样本中的回归系数，与表4的检验结果具有一致性：与国有上市公司相比，会计信息可比性对民营上市公司银行借款规模影响更大，进一步支持研究假设2a。在民营上市公司和国有上市公司中应计盈余质量与银行借款规模均无显著关系。会计稳健性与银行信贷规模之间关系在民营上市公司回归中不显著，在国有上市公司中显著为负。

对于银行借款成本而言，表13的（5）列至（8）列结果揭示，在国有上市公司中，提高会计信息可比性能够显著降低银行借款成本。在民营上市公司中，会计信息可比性与银行借款成本之间无显著关系，与表6检验结果具有一致性。在民营上市公司和国有上市公司中，应计盈余质量、会计稳健性与银行借款成本均无显著关系。

可见，在综合考虑会计信息可比性、会计稳健性和应计盈余质量三种代表会计信息质量不同层面特征时，与会计稳健性、应计盈余质量相比，会计信息可比性对银行借款规模和借款成本的影响均具有显著性且稳健。这为会计信息可比性在会计信息质量特征各层级中所具有的“增进质量特征”和“会计信息可比性在信贷契约中发挥更为重要的作用”提供很可能的经验证据。

在国有上市公司中，与会计信息稳健性、应计盈余质量相比，会计信息可比性质量特征能够发挥其充分有用性：提高会计信息可比性，有助于其以更低的借款成本，获得更多的银行贷款。

在民营上市公司中，与会计信息稳健性、应计盈余质量相比，提高会计信息可比性，有助于增加其获得银行借款的规模，但没有显著降低借款的成本。会计信息可比性、会计信息稳健性和应计盈余质量在民营上市公司银行贷款成本中发挥有用性经验证据，没有得到验证。

（二）产权性质、会计信息可比性与银行借款：货币紧缩时期的影响

根据货币政策的信贷传导理论，货币紧缩时期，银行减少信贷发行量，降低企业获得银行信贷融资能力。现有经验研究发现，货币政策紧缩期间，面临银行信贷下滑的融资环境，中国上市公司获得的银行信贷规模明显下降。因此，货币紧缩时期，债务违约风险增加，银行对企业惜贷，加剧企业融资约束水平。饶品贵和姜国华检验了在货币紧缩时期，提高会计信息稳健性有助于增加企业的银行贷款。李四海等研究发现，不同货币政策时期，银行信贷决策中对会计盈余质量关注的权变不同。进一步研究发现，在不同货币政策环境下，我国银行信贷资源在国有企业和民营企业之间配置也存在差异。饶品贵和姜国华研究发现，在货币政策紧缩期间，面临银行信贷下滑的融资环境，相对于国有企业，民营企业在银行信贷方面受到更大的冲击。因此，本文试图进一步研究，在货币政策紧缩时期[①]，会计信息可比性质量特征对银行借款的影响，以及在民营上市公司和国有上市公司银行贷款融资中不同的效应及其可能的变化。

表14报告货币紧缩时期会计信息可比性对上市公司获得的银行借款规模和借款成本的检验结果。表14的结果揭示：货币政策紧缩时期，会计信息可比性与其获得银行借款规模仍然显著正相关，与其承担的银行借款成本依然显著负相关。

表14　货币政策紧缩时期会计信息可比性与银行借款规模及借款成本

	Loan		IR	
	(1)	(2)	(3)	(4)
Compa	0.559***		-0.219*	
	(4.10)		(-1.92)	
Comp4		1.042***		-0.493*
		(3.68)		(-1.83)
控制变量	控制	控制	控制	控制
Year	控制	控制	控制	控制
Ind	控制	控制	控制	控制
F	227.47	212.67	4.62	4.55
Adj_R^2	0.663	0.663	0.053	0.037
N	3 457		2 944	

注：***、** 和*分别表示检验在1%、5%和10%水平上显著（双尾）。

① 货币政策参考陆正飞和杨德明（2011）中货币政策（mp）的度量方法，根据数值计算确定：mp=M2增长率-GDP增长率-CPI增长率。根据CSMAR数据库，将样本期间中mp值较小的5年（2006年，2007年，2008年，2010年，2011年）作为货币政策紧缩期；而mp值较大的5年（2009年，2012年，2013年，2014年，2015年）作为货币政策宽松期。

表15和表16分别列报货币政策紧缩时期，会计信息可比性对民营上市公司和国有上市公司银行借款规模和借款成本检验结果。

表15 货币紧缩时期，产权性质、会计信息可比性与银行借款规模

	Loan			
	民营上市公司		国有上市公司	
	(1)	(2)	(3)	(4)
Compa	1.196***		0.221	
	(4.89)		(1.43)	
Comp4		2.794***		0.370
		(5.29)		(1.20)
F	56.89	57.29	142.63	142.57
Adj_R^2	0.608	0.609	0.693	0.693
N	1 264	1 264	2 193	2 193

注：***、** 和*分别表示检验在1%、5%和10%水平上显著（双尾）。

表16 货币紧缩时期，产权性质、会计信息可比性与银行借款成本

	IR			
	民营上市公司		国有上市公司	
	(1)	(2)	(3)	(4)
Compa	-0.125		-0.217**	
	(-1.28)		(-2.06)	
Comp4		-0.408		-0.449**
		(-1.64)		(-2.17)
F	4.161	4.167	5.25	5.25
Adj_R^2	0.077	0.078	0.074	0.074
N	1 082	1 082	1 862	1 862

注：***、** 和*分别表示检验在1%、5%和10%水平上显著（双尾）。

根据表15，对于货币紧缩时期银行贷款规模而言，在民营上市公司样本中，会计信息可比性与其获得银行借款规模仍然显著正相关。在国有上市公司中，会计

信息可比性与其获得的银行借款规模正向关系不再显著；与表16相比，在货币政策紧缩时期，民营上市公司会计信息可比性质量特征对其贷款规模影响更显著；在货币政策紧缩时期，国有上市公司贷款规模决策中改变会计信息可比性质量特征关注的权重，不再具有显著性。

根据表16，对于货币紧缩时期银行借款成本而言，在国有上市公司中，会计信息可比性与其承担的银行借款成本依然显著为负；在民营上市公司中，会计信息可比性与其承担的银行借款成本（IR）负向关系依然不显著。

可见，在货币政策紧缩时期，对上市公司总体而言，提高上市公司会计信息可比性能够显著增加其获得银行借款的规模，降低借款成本。在货币政策紧缩时期，银行对民营上市公司贷款规模的决策中，更加注重会计信息可比性质量特征，但是在对民营上市公司贷款利率定价中，会计信息可比性该项指标仍然没有受到重视。民营上市公司提高会计信息可比性能够显著增加民营上市公司获得的银行借款额度，而对其承担的利率成本依然无显著影响。在货币政策紧缩时期，对于国有上市公司而言，提高会计信息可比性依然能够显著降低其承担的银行借款成本，但是不能显著增加国有上市公司的贷款额度。该结果说明，在货币政策紧缩时期，国有上市公司贷款规模决策中改变会计信息可比性质量特征关注的权重不再显著，但是在其利率成本定价中，会计信息可比性质量特征依然占据重要的权重。

七、结论与启示

本文运用2005—2015年中国A股上市公司数据，研究会计信息可比性质量特征对上市公司银行借款规模和借款成本的影响以及在国有上市公司和民营上市公司发挥的不同效应。进一步检验在考虑会计信息稳健性和应计盈余质量以及货币政策紧缩时期，会计信息可比性质量特征在银行信贷决策中的有用性。通过实证研究，我们得出以下结论：

第一，会计信息可比性在银行信贷决策中具有有用性。会计信息的可比性越高，上市公司获得银行借款规模越大，借款成本越低。与会计信息稳健性、应计盈余质量相比，会计信息可比性对银行借款规模和借款成本的影响均是显著且稳健的。

第二，对于国有上市公司而言，提高会计信息可比性能够显著增加其获得的银行借款总量，并显著降低银行借款成本。进一步与会计信息稳健性、应计盈余质量相比，会计信息可比性质量特征能够发挥充分的有用性：提高会计信息可比性，有助于其以更低的借款成本，获得更多的银行贷款。

第三，对民营上市公司而言，提高会计信息可比性能够显著增加其获得的银行借款总量，并与国有上市公司相比，会计信息可比性对民营上市公司银行借款规模影响更大，且差异显著。但是，提高会计信息可比性并没有显著降低民营上市公司的银行借款成本。

第四，在货币政策紧缩期间，对上市公司总体而言，提高上市公司会计信息可比性能够显著增加其获得银行借款的规模，降低借款成本。在货币政策紧缩时期，银行对国有上市公司贷款规模决策中改变会计信息可比性质量特征关注的权重不再显著，但是在其利率成本定价中，会计信息可比性质量特征依然占据重要的权重。在货币政策紧缩时期，银行对民营上市公司贷款规模的决策中，更加注重会计信息可比性质量特征，但是在对民营上市公司贷款利率定价中，会计信息可比性该项指标仍然没有受到重视，对其承担的利率成本依然无显著影响。

本文的研究结论对未来学术研究、上市公司财务决策、政府部门政策制定具有重要的启示：

第一，作为会计信息“增进质量特征”的会计信息可比性在银行信贷决策（规模和借款成本）中具有“不可替代”的有用性。在综合考虑会计信息可比性、会计信息稳健性和应计盈余质量三种代表会计信息质量不同层面特征时，应计盈余质量对银行借款规模和成本均无显著影响，会计稳健性与银行信贷规模关系显著，但与银行借款成本无显著关系，而会计信息可比性对银行借款规模、借款成本均有显著影响且具有稳健性。在货币政策紧缩期间，也是如此。可见，会计信息可比性在会计信息质量特征各层级中具有“增进质量特征”的有用性。所以，在一定程度上，上市公司会计信息可比性质量的提高很可能意味着其信息披露质量的增加，会计信息可比性质量特征很可能作为度量信息披露质量方式之一，在未来的研究中值得深入研究。

但是，从会计信息可比性的统计数据上看，会计信息可比性全部组合的均值（Compa）的最小值与最大值间差距较大，说明中国上市公司之间会计信息质量的可比性需要进一步提高。同时，众多文献认为中国上市公司信息环境差，会计信息质量不佳。根据证监会公告的信息披露违规数据统计分析，本文发现2005—2015年间，信息披露违规的上市公司数量呈逐渐上升的趋势，尤其是民营上市公司的信息披露质量更堪忧。建议相关政策制定部门需要进一步完善、加强企业会计信息可比性质量的会计政策措施、监管处罚措施与力度，提高中国上市公司的信息质量，尤其是会计信息间的可比性，改善信息环境与信息的披露质量。

第二，对于银行而言，对国有上市公司和民营上市公司信贷资源配置采取不同的评价机制，本文认为并不是银行对民营上市公司的“信贷歧视”存在一定程度的合理之处。

从证监会信息披露违规和经营违规数据公告结果（见表7），我们可以逆向推断出，民营上市公司的信用风险的确比国有上市公司的信用风险高很多。本文实证结果发现，在民营上市公司贷款利率成本定价中，与国有上市公司不同的是，会计信息可比性指标不再占据重要的权重，并且总体上看，民营上市公司的银行借款成本也没有高于国有上市公司的银行借款成本（根据2005—2015年样本期间数据统计，民营上市公司和国有上市公司的借款成本没有显著差异，均在8%左右），这些说明银行可能选择更能体现民营上市公司信用风险的其他指标，赋予更大的权重，降低利率风险。因此，对国有上市公司和民营上市公司贷款规模和利率定价采取不同的机制，这对于作为商业化运作的银行而言，在一定程度上是出于风险防控动机的市场化行为。

第三，任何统计模型都会存在的误差，银行贷款利率定价模型也不例外。在实务操作中，银行“不偏不倚”逐个深入分析每个贷款需求的民营上市公司的所有信息，通过降低双方的信息不对称程度，来降低利率定价模型中误差，是我们期待的理想措施。但是，该举措需要银行承担更多的验证成本，从而增加银行的交易成本。利率作为资金的价格，影响到银行的盈利能力，因此，从成本效益角度分析，实务中银行采取上述做法的可行性不高。

我们还是寄期望于商业银行努力提高利率定价机制的科学性与客观性。定价模型希望能充分体现公司的信贷风险，降低上市公司与银行之间信息不对称问题，尤其是对民营上市公司利率的定价。对于商业银行而言，利率定价方法的合理选择，定价技术的精确实施等细节，最终要归位到人上。一般而言，高学历是知识累积、逻辑思维能力与个人天赋的综合体现。因此，学历高的人逻辑思维能力会越严谨，对信息的关注域更有深度且反应敏捷。同时，学历高的人拥有更多的社交资源，从而有助于其整合多元化社会资源，便于及时收集、辨别评估信息。面对相同的信息，具有更高受教育程度背景的人，可能会更好地运用分析工具、估价模型和研究方法，对信息的解读能力更强、挖掘更有深度。希望商业银行重视高端人才的培养与选拔。

Nature of Property Rights, Accounting Information Comparability and Bank Borrowings

Xin Ding, Meiyi Song, Fengying Zhong

Abstract Based on listed firms in China A-share market from 2005 to 2015, this paper studies the impact of accounting information comparability on bank borrowings of listed firms and the different effects in state-owned and non-state-owned listed firms.The results show that the higher the accounting information comparability is, the larger the scale of bank borrowings acquired of listed firms, and the lower the cost of bank borrowings; For the state-owned listed firms, improving the accounting information comparability can significantly increase the total amount of bank borrowings and significantly reduce the cost of bank borrowings; Compared to the state-owned listed firms, the accounting information comparability has a greater impact on the scale of bank borrowings in non-state-owned listed firms, and the difference is significant. However, improving the accounting information comparability can't significantly reduce the cost of bank borrowings in non-state-owned listed firms.Furthermore, this paper examines that during the period of monetary policy tightening, improving the accounting information comparability of listed firms can significantly increase the scale of bank borrowings and reduce the cost of bank borrowings; Compared to the accounting information conservatism and the quality of accrued earnings, the impact of accounting information comparability on the scale and cost of bank borrowings is significant and stable.The conclusion of this paper verifies the usefulness of the accounting information comparability in the bank credit financing of listed companies, and provides empirical evidence to support that the bank's evaluation mechanism of different credit resource allocation for state-owned listed companies and non-state-owned listed companies is a kind of market-oriented behavior rather than credit discrimination, and have important implications for future academic research, financial decision-making of listed firms and policy-making of government departments.

Key Words accounting information comparability; bank borrowings; nature of property rights; monetary policy tightening

参考文献

[1] BIDDLE G C, HILARY G. Accounting quality and firm-level capital investment [J]. The Accounting Review, 2006, 81 (5): 963-982.

[2] BEATTY A, LIAO S, WEBER J. Financial reporting quality, private information, monitoring, and the lease-versus-buy decision [J]. Accounting Review, 2010, 85 (4): 1215-1238.

[3] 李连军，戴经纬.货币政策、会计稳健性与融资约束 [J]. 审计与经济研究，2016，31

(1)：75-82.

[4] 李志军，王善平.货币政策、信息披露质量与公司债务融资 [J]. 会计研究，2011 (10)：56-62.

[5] DE FRANCO G, KOTHARI S P, VERDI R S. The benefits of financial statement comparability [J]. Journal of Accounting Research, 2011, 49 (4)：895-931.

[6] KIM S, KRAFT P, RYAN S G. Financial statement comparability and credit risk [J]. Review of Accounting Studies, 2013, 18 (3)：783-823.

[7] BHARATH S T, SUNDER J, SUNDER S V. Accounting quality and debt contracting [J]. Accounting Review, 2008, 83 (1)：1-28.

[8] 王琨，徐艳萍，庞家任.偿债风险、会计信息质量与企业融资约束 [J]. 投资研究，2016，35 (1)：61-80.

[9] ALLEN F, QIAN J, QIAN M. Law, finance, and economic growth in China [J]. Journal of Financial Economics, 2005, 77 (1)：57-116.

[10] BRANDT L, LI H. Bank discrimination in transition economies：ideology, information or incentives? [J]. Journal of Comparative Economics, 2003, 31 (3)：387-413.

[11] 饶品贵，姜国华.货币政策、信贷资源配置与企业业绩 [J]. 管理世界，2013 (3)：12-22；47；187.

[12] 孙铮，李增泉，王景斌.所有权性质、会计信息与债务契约——来自我国上市公司的经验证据 [J]. 管理世界，2006 (10)：100-107；149.

[13] 钟凯，程小可，张伟华.货币政策、信息透明度与企业信贷期限结构 [J]. 财贸经济，2016 (3)：60-77.

[14] JAFFEE D M, RUSSELL T. Imperfect information, uncertainty, and credit rationing [J]. Quarterly Journal of Economics, 1976, 90 (4)：651-666.

[15] STIGLITZ J E, WEISS A. Credit rationing in markets with imperfect information [J]. American Economic Review, 1981, 71 (3)：393-410.

[16] FAMA E F, JENSEN M C. Separation of ownership and control [J]. Journal of Law & Economics, 1983, 26 (2)：301-325.

[17] 饶艳超，胡奕明.银行信贷中会计信息的使用情况调查与分析 [J]. 会计研究，2005，(4)：36-41；94-95.

[18] 姚立杰，夏冬林.我国银行能识别借款企业的盈余质量吗？[J]. 审计研究，2009，(3)：91-96.

[19] BARTH M E，李英，叶康涛.财务报告的全球可比性——是什么、为什么、如何做以及何时实现 [J]. 会计研究，2013，(05)：3-10；95.

[20] 江轩宇.会计信息可比性与股价崩盘风险 [J]. 投资研究，2015，34 (12)：97-111.

[21] 胥朝阳，刘睿智.提高会计信息可比性能抑制盈余管理吗？ [J]. 会计研究，2014，(7)：50-57.

[22] WANG C. Accounting standards harmonization and financial statement comparability：evidence from transnational information transfer [J]. Social Science Electronic Publishing, 2014, 52

(4)：955－992.

[23] 陈翔宇，肖虹，万鹏.会计信息可比性、信息环境与业绩预告准确度［J］. 财经论丛，2015（10）：58-66.

[24] 曲晓辉，毕超.会计信息与分析师的信息解释行为［J］. 会计研究，2016（4）：19-26；95.

[25] 江轩宇，申丹琳，李颖.会计信息可比性影响企业创新吗［J］. 南开管理评论，2017，20（4）：82-92.

[26] 杨忠海，张丽萍，李瑛玫.财务报告可比性与股权资本成本关系研究——来自中国A股市场的经验证据［J］. 当代会计评论，2015，8（2）：83-103.

[27] 江伟，李斌.制度环境、国有产权与银行差别贷款［J］. 金融研究，2006（11）：116-126.

[28] 卢峰，姚洋.金融压抑下的法治、金融发展和经济增长［J］. 中国社会科学，2004（1）：42-55；206.

[29] 余明桂，潘红波.政治关系、制度环境与民营企业银行贷款［J］. 管理世界，2008（8）：9-21；39；187.

[30] 李延喜，陈克兢.终极控制人、外部治理环境与盈余管理——基于系统广义矩估计的动态面板数据分析［J］. 管理科学学报，2014，17（9）：56-71.

[31] ARROW K J. What has economics to say about racial discrimination?［J］. Journal of Economic Perspectives，1998，12（2）：91-100.

[32] 冯晓雷，冯晓普，王淑侠.企业所有权性质与银行信贷可获得性［J］. 金融论坛，2013，18（3）：27-36.

[33] 李四海，蔡宏标，张俭.产权性质、会计盈余质量与银行信贷决策——信贷歧视抑或风险防控［J］. 中南财经政法大学学报，2015（5）：78-87.

[34] 李平，曾勇，朱晓林.中国银行业改革对中资银行效率变化的影响［J］. 管理科学学报，2013，16（8）：47-53.

[35] 方军雄.民营上市公司，真的面临银行贷款歧视吗？［J］. 管理世界，2010（11）：123-131.

[36] 刘运国，吴小蒙，蒋涛.产权性质、债务融资与会计稳健性——来自中国上市公司的经验证据［J］. 会计研究，2010（1）：43-50；95.

[37] BASU S. The conservatism principle and the asymmetric timeliness of earnings［J］. Journal of Accounting and Economics，1997，24（1）：3-37.

[38] COOPER I A，CORDEIRO L. Optimal equity valuation using multiples：the number of comparable firms［J］. Social Science Electronic Publishing，2008.

[39] BOOTH L，AIVAZIAN V，DEMIRGUC-KUNT A，et al. Capital structures in developing countries［J］. The Journal of Finance，2001，56（1）：87-130.

[40] 叶康涛，祝继高.银根紧缩与信贷资源配置［J］. 管理世界，2009（1）：22-28；188.

[41] 邓路，刘瑞琪，廖明情.宏观环境、所有制与公司超额银行借款［J］. 管理世界，2016（9）：149-160.

[42] 邓路，刘瑞琪，廖明情.盈余管理、金融市场化与公司超额银行借款［J］. 管理科学学报，2019，22（2）：22-35.

[43] SCOTT D F，JR.，MARTIN J D. Industry influence on financial structure［J］. Financial Management，1975，4（1）：67-73.

[44] BALL R，SHIVAKUMAR L. Earnings quality in UK private firms：comparative loss recognition timeliness［J］. Journal of Accounting & Economics，2005，39（1）：0-128.

[45] 张金鑫，王逸.会计稳健性与公司融资约束——基于两类稳健性视角的研究［J］. 会计研究，2013（9）：46-52；98.

[46] KHAN M，WATTS R L. Estimation and empirical properties of a firm-year measure of accounting conservatism［J］. Journal of Accounting & Economics，2009，48（2-3）：132-150.

[47] 饶品贵，姜国华.货币政策对银行信贷与商业信用互动关系影响研究［J］. 经济研究，2013，48（1）：68-82；150.

[48] 饶品贵，姜国华.货币政策波动、银行信贷与会计稳健性［J］. 金融研究，2011（3）：51-71.

[49] JIN L，MYERS S C. R-2 around the world：New theory and new tests［J］. Journal of Financial Economics，2006，79（2）：257-292.

[50] PIOTROSKI J D，WONG T J，ZHANG T. Political incentives to suppress negative information：evidence from Chinese listed firms［J］. Journal of Accounting Research，2015，53（2）：405-459.

第 18 辑，2025 年
No. 18, 2025
会计与控制评论
Review of Accounting and Control

董事高管责任保险的公司治理有效性研究

——基于企业数字化转型的视角①

莫冬燕[1]　李嘉轩[2]

（1. 东北财经大学会计学院/中国内部控制研究中心　大连　116025）
（2. 烟台理工学院会计与金融学院　烟台　264000）

摘　要　董事高管责任保险作为公司治理领域的热点问题，在新数字时代背景下能否发挥治理效应有待进一步探讨。文章从企业数字化转型视角出发，以我国2010—2021年上市公司为样本，实证检验了董责险的公司治理有效性。结果表明：董责险能够显著提升企业数字化转型水平，具有激励监督效应，且该效应主要通过“风险补偿”和“融资赋能”两条路径实现；进一步分析发现，在购买董责险的公司中，连续性购买和未更换过承保机构的公司拥有更高的数字化转型水平；董责险对数字化转型的促进作用仅在处于非衰退期和中西部地区的企业中显著。研究结论不仅为董责险治理效应的检验提供了新的研究视角，而且对如何更好地发挥董责险的治理作用具有一定启示意义。

关键词　董事高管责任保险　企业数字化转型　激励监督效应

① 资助项目：辽宁省经济社会发展研究课题“高质量发展视角下数字技术赋能新质生产力发展研究”（项目编号：2025lslybwzzkt-087）。作者简介：莫冬燕，女，东北财经大学会计学院/中国内部控制研究中心副教授，硕士生导师；研究方向为公司治理与会计。李嘉轩，男，烟台理工学院会计与金融学院助教；研究方向为公司治理与会计。通讯作者：李嘉轩（电子邮箱地址：ljx98117@163.com）。

一、引　言

2021年11月12日，康美药业集体诉讼案一审宣判，康美药业被判决赔偿投资者24.59亿元，同时包括公司原实际控制人在内的13名高管人员需承担巨额连带赔偿责任，这不仅在一定程度上宣告着管理层履职风险时代的开启，也使得董事高管责任保险（以下简称“董责险”）再次成为资本市场关注的焦点。董责险最早起源于美国，广泛应用于欧美市场当中，是管理层①对冲意外风险和防止资产损失的主要避险工具（Lin et al.，2013），也是公司治理机制的重要补充。与发达国家相比，我国引入董责险的时间相对较晚。2002年1月24日，万科投保了由平安保险和美国丘博共保的第一份董责险，之后我国保险机构便相继推出该险种。如图1所示，2002—2021年我国购买董责险的上市公司数量总体呈上升趋势，截至2021年年末，共有765家A股上市公司公告披露购买该保险，占整个A股市场的16.62%，但相比欧美等市场90%左右的投保比例，我国董责险整体覆盖率偏低。同时，相较于早已在董责险发展方面取得丰富实践经验的发达资本市场，董责险在我国资本市场中仍处于不断探索阶段，与之相关的理论研究匮乏。因此，考察董责险在我国特殊制度和经济背景下究竟会对上市公司治理产生何种影响显得尤为重要。

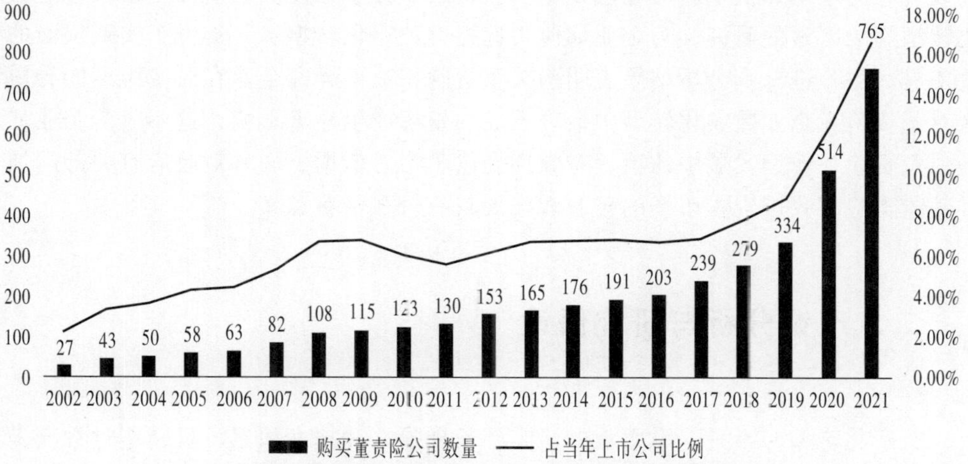

图1　2002—2021年我国上市公司购买董责险情况统计图

已有关于董责险治理效应的研究主要存在“激励监督假说”和“机会主义假说”两种截然相反的观点。支持“激励监督假说”的学者认为，一方面，董责险能

① 不同公司引入董责险的保险人范围有所差异。经统计，2002—2021年购买董责险的公司中，被保险人为董监高的公司样本占比约为87%；被保险人为董事、董事及高管、董事及监事的公司样本占比约为12%；被保险人为独立董事的公司样本占比约为1%。为避免歧义，本文统称为管理层。

为企业管理层提供风险补偿激励，降低高管职业风险（凌士显、白锐锋，2017），使管理层以更加积极的姿态面对市场竞争，不断寻找新的决策均衡，进而提升决策效率（张人方，2021）；另一方面，购买董责险能够引入第三方保险机构的监督，有效制约和规范管理层行为（Yuan et al.，2016），从而提高会计信息披露质量并减少公司财务重述行为（袁蓉丽等，2018），显著提升公司治理水平，实现企业价值的稳步增长（许荣、刘怡君，2021）。而支持“机会主义假说”的学者则认为，购买董责险会对管理层产生消极的“风险兜底”效应，引发道德风险和机会主义行为（Weng et al.，2017），导致管理层与股东间的代理冲突加剧（袁蓉丽等，2018），降低公司治理的有效性，最终给企业发展带来负面影响。但本文认为，针对董责险能否发挥治理有效性问题的讨论需要建立在一定的时代背景之上，不同时代背景对上市公司战略决策和经营管理行为的影响必然存在着极大的差异。因此，鉴于近年来数字经济逐渐成为我国经济高质量发展的重要驱动力，本文将借此从企业数字化转型视角切入，深入探讨董责险在新时代背景下是否具有公司治理效应。

本文以2010—2021年沪深A股上市公司为研究样本，综合考察了董责险对企业数字化转型的影响效果及其内在机理，可能的边际贡献主要体现在以下三方面：(1) 本文结合当下数字时代背景，从企业数字化转型的战略层面完善和丰富了董责险公司治理有效性的研究，对董责险究竟是发挥了“激励监督效应”还是“机会主义效应”的争论提供了新的经验证据。(2) 从非技术触发因素层面丰富了企业数字化转型影响因素的研究，为企业如何快速提升数字化转型水平提供了实践层面的有效工具。(3) 进一步分析结果表明购买董责险特征差异和企业在时空维度的异质性会对董责险在企业数字化转型中治理效应的发挥产生显著影响，这不仅为企业如何增强董责险在转型发展中的治理有效性提供了参考依据，而且对政府有关部门加快推动董责险在我国资本市场的普及和发展具有较强借鉴意义。

二、理论分析与研究假设

数字化转型并不是一蹴而就的，需要长期投入和技术积累，且转型过程充满不确定性和复杂性，极有可能面临失败的风险，我国企业普遍存在“不会转、不敢转、转得慢”的窘境（祁怀锦等，2020）。如何确定企业数字化发展方向，制定切实有效的发展战略，如何实现转型中资源配置的最优化是现阶段亟待解决的问题（王永贵、汪淋淋，2021）。而包含董事和高管在内的管理层作为企业的实际权力中心，掌握着数字化战略的制定权和资源的支配权（张昆贤、陈晓蓉，2021），可以通过制定合理的数字策略，配置并把控数字化资源，确保相关投入转化为高质量的数字化产出，是企业数字化转型过程中的重要“底层基础”（何瑛等，2019）。针对管理层建立切实有效的体制机制对提升企业数字化转型效率和水平是至关重要的，董责险的出现恰好能为企业提供一种制度安排。但鉴于董责险在公司治理中的“双刃剑”效应，企业认购董责险究竟是管理层进行数字化转型的风险激励工具，还是趁机实施自利行为的“保护伞”？本文将结合相关理论展开论证。

（一）激励监督假说：促进企业数字化转型

首先，董责险产生的激励监督效应可能会提升企业风险承担水平，进而促进企业数字化转型。具体来说，企业数字化转型作为一个持续更新和调整的动态过程（姚小涛等，2020），需要管理层具备敏锐的市场嗅觉和准确的决策能力，以此不断选择合适的公司转型战略。然而，数字化转型通常具有高投入、高风险、回报周期长等特点（戚聿东、肖旭，2020），管理层在企业数字化转型过程中很可能会因为非主观故意的决策失误而导致转型失败，使企业盈利未达到投资者的预期而被投资者提起诉讼和索赔。董责险的引入可以将管理层因非主观故意的决策失误或不当行为可能面临的诉讼风险和民事赔偿转嫁给外部保险机构（肖小虹、潘也，2022），这表明董责险也有助于减轻管理层继续实施数字化战略的后顾之忧，激励其更加积极主动地投身于数字化转型活动之中，从而加快转型步伐。

其次，董责险产生的激励监督效应可能会通过间接向市场释放积极信号的方式，缓解企业融资约束，进而促进企业数字化转型。具体来说，当上市公司购买董责险后，保险机构作为“最终赔款人”不得不介入管理层的经营管理之中并进行持续且独立的监督，这就使得管理层自利行为的潜在成本不断提升（关鑫等，2021），大大降低了管理层利用不成熟数字化技术所造成的管理缺陷攫取个人利益的可能性（邓芳等，2017），在约束管理层行为的同时，也将其个人利益与企业发展高度捆绑。因此，随着董责险信息的披露，与公告相关的信息会被资本市场所吸收，董责险的相关信息会成为一种“积极治理信号”（赵国宇、梁慧萍，2022），在帮助外部投资者获得更多企业特质信息的同时，也会增强其对投保企业的信任和投资信心（关鑫等，2021），这可以在一定程度上缓解企业的外部融资约束，使企业有更多的资金投入到数字化转型之中，加快数字化进程。

（二）机会主义假说：抑制企业数字化转型

首先，董责险产生的机会主义效应可能会加剧管理层与股东之间的代理问题，进而抑制企业数字化转型。具体来说，管理层可以通过董责险将诉讼风险和赔偿责任转移给保险机构，这不仅在一定程度上弱化了法律处罚的威慑和惩戒效果（冯来强等，2017），也降低了股东诉讼作为外部监督机制的有效性。在这种情况下，董责险很可能会产生消极的风险兜底作用，间接增加管理层在经营决策中的自由裁量权，从而诱发道德风险和机会主义行为，使其为从企业经营中获得额外收益，将更多的资源用于短期“求利润”决策（黄隽、宋文欣，2023），而非投入长期数字化变革中，致使企业在数字时代多变的商业竞争中处于劣势，进而损害股东利益，增加企业代理成本，最终阻碍企业的数字化进程。

其次，董责险产生的机会主义效应可能通过间接向市场释放消极信号的方式，加剧企业融资约束，进而抑制企业数字化转型。具体来说，公司购买董责险的初衷是为管理层承担的法律责任提供必要保障，降低其个人损失，激励其积极履行勤勉义务，进而保护股东权益（张十根、王信平，2021）。但随着近几年董责险在我国的爆火加之监管制度的不完善，不少公司开始通过购买董责险来掩盖自身治理问题，如股权集中度相对集中的企业购买董责险是为了转移企业风险（Baker and Griffith，2006），破产概率较高的企业因面临更大经营诉讼风险而购买董责险（关鑫等，2021）。这在一定程度上加剧了外部投资者与企业间的信息不对称问题，直接导致不少投资者将上市公司购买董责险视为企业存在重大治理风险的消极信号（雷啸等，2020），带来企业融资成本的上升，使企业可利用的现金资源减少，最终挤压企业在数字化转型活动方面的投入。

基于上述分析，本文提出以下竞争假设：

H1：在其他条件不变的情况下，董责险具有激励监督效应，能够显著促进企业数字化转型。

H2：在其他条件不变的情况下，董责险具有机会主义效应，能够显著抑制企业数字化转型。

三、研究设计

（一）样本选择和数据来源

本文选取2010—2021年沪深A股上市公司数作为初始样本，并对样本做出如下筛选：（1）剔除ST、*ST样本；（2）剔除了金融行业上市公司；（3）剔除数据缺失样本；（4）对所有连续变量进行1%水平上的缩尾处理，最终获得了32 736个公司-年度观测值。除部分与董责险相关的数据为手工整理外，其余数据均来自CSMAR数据库。

（二）变量选取

1.被解释变量：企业数字化转型（Digital）

参考吴非等（2021）的做法，将数字化转型的特征词划分为5个维度，具体包括：人工智能技术、大数据技术、云计算技术、区块链技术以及数字技术运用。在此基础上，本文通过对年报中包含的特征词进行抓取和分类，得到了每类特征词的合计数。另外，考虑到数据的右偏特征，对企业当年5类特征词合计数加一取自然对数作为衡量企业数字化转型的代理指标（Digital）。

2.解释变量：董事高管责任保险（Doi）

参考凌士显和白锐峰（2018）、赖黎等（2019）等大多数学者的做法，本文主要以虚拟变量方式衡量董责险（Doi）。若上市公司当年购买董责险取1，否则取0。

3.控制变量

参考张昆贤和陈晓蓉（2021）、唐松等（2022）的做法，本文选取独立董事比例（Idr）、产权性质（Own）、两权分离度（Sep）、股权集中度（Top1）、成长性（Growth）、公司规模（Size）、净资产收益率（Roe）、资产负债率（Lev）、审计质量（Big4）、是否亏损（Loss）、董事会规模（Board）以及行业（Industry）和年份（Year）作为本文的主要控制变量。

（三）模型构建

为检验董责险对企业数字化转型的影响，本文构建了回归模型（1）：

$$Digital_{i,t} = \alpha_0 + \alpha_1 Doi_{i,t} + \alpha_2 Contrl_{i,t} + \sum Industry + \sum Year + \varepsilon_{i,t} \tag{1}$$

其中，$Digital_{i,t}$代表公司i在第t年的数字化转型程度，Digital数值越大，企业数字化转型水平越高；$Doi_{i,t}$代表公司i在第t年是否投保董责险；$Contrl_{i,t}$代表其他可能影响企业数字化转型的因素；Industry和Year代表行业和年份虚拟变量。若α_1的符号显著为正，表明董责险能够促进企业数字化转型，证明假设H1成立，显著为负则证明假设H2成立。

四、实验检验与结果分析

（一）描述性统计

表1是主要变量的描述性统计结果，董责险衡量指标Doi的均值为0.080，说明研究样本中仅有8%的上市公司购买董责险，表明目前董责险仍未获得上市公司的足够重视。Digital的平均值和标准差为1.290和1.360，与现有文献关于企业数字化转型的统计结果基本一致，说明我国上市公司数字化转型程度普遍较低，且存在较大差异。其余控制变量均与已有研究相近，不再过多赘述。

表1　　主要变量描述性统计

变量	样本	均值	标准差	最小值	中位数	最大值
Digital	32 736	1.290	1.360	0.000	1.100	4.930
Doi	32 736	0.080	0.270	0.000	0.000	1.000
Idr	32 736	0.380	0.050	0.310	0.360	0.570
Own	32 736	0.350	0.480	0.000	0.000	1.000
Sep	32 736	4.590	7.320	0.000	0.000	28.520
Top1	32 736	34.770	14.750	8.700	32.660	74.660
Growth	32 736	0.190	0.460	-0.630	0.120	3.220
Size	32 736	22.120	1.300	19.350	21.930	26.100
Roe	32 736	0.060	0.140	-0.890	0.070	0.350
Lev	32 736	0.420	0.210	0.050	0.410	0.990
Big4	32 736	0.060	0.230	0.000	0.000	1.000
Loss	32 736	0.100	0.300	0.000	0.000	1.000
Board	32 736	2.120	0.200	1.610	2.200	2.710

（二）单变量分析

在进行基本回归之前，本文以企业是否购买董责险对样本进行分组，通过单变量分析检验两组在企业数字化转型上的差异。表2的分析结果显示，购买董责险组公司样本的Digital均值和中位数都高于未购买董责险组公司样本，差异均在1%的水平上显著。上述结果表明购买董责险公司比未购买董责险公司拥有更高的数字化转型水平，初步证明假设H1成立。

表2　　单变量分析

	购买董责险组			未购买董责险组			T检验	Wilcoxon检验
	样本量	均值	中位数	样本量	均值	中位数		
Digital	2 530	1.441	1.386	30 206	1.273	0.693	5.939***	56.882***

（三）基本回归分析

表3报告了董责险与企业数字化转型的回归结果。第（1）~（2）列用OLS模型进行估计的回归结果表明，董责险（Doi）的估计系数均在1%的水平上显著为

正。同时考虑到遗漏的不随时间变化的公司固定因素可能对结论产生的影响，本文还用固定效应模型进行了重新回归。从第（3）～（4）列的回归结果发现，董责险（Doi）的估计系数仍在5%的水平上显著为正。上述模型的估计结果均表明，董责险能够促进企业数字化转型，即董责险在公司治理中发挥了积极的激励监督效应，从而验证了本文提出的假设H1。

表3 董责险对企业数字化转型的回归结果

变量	OLS模型		固定效应模型	
	（1）	（2）	（3）	（4）
	Digital	Digital	Digital	Digital
Doi	0.110***	0.083***	0.111***	0.055**
	（4.78）	（3.46）	（2.85）	（2.14）
Idr		0.717***		-0.103
		（5.24）		（-0.75）
Own		-0.245***		-0.050*
		（-16.94）		（-1.66）
Sep		-0.003***		-0.003***
		（-3.62）		（-2.62）
Top1		-0.002***		-0.007***
		（-4.23）		（-10.85）
Growth		0.043***		0.016*
		（3.02）		（1.82）
Size		0.143***		0.278***
		（22.85）		（28.54）
Roe		0.091		-0.011
		（1.48）		（-0.26）
Lev		-0.237***		-0.041
		（-6.56）		（-1.02）
Big4		-0.125***		-0.017
		（-4.76）		（-0.43）

续表

变量	OLS模型		固定效应模型	
	(1)	(2)	(3)	(4)
	Digital	Digital	Digital	Digital
Loss		0.034		0.029
		(1.21)		(1.54)
Board		-0.000		0.187***
		(-0.00)		(4.12)
Constant	0.039	-3.003***	1.650***	-4.659***
	(0.88)	(-19.06)	(169.63)	(-19.24)
Industry	YES	YES	YES	YES
Year	YES	YES	YES	YES
Firm	NO	NO	YES	YES
N	32 736	32 736	32 736	32 736
Adj-R^2	0.372	0.387	0.310	0.235

注：***、**和*分别表示在1%、5%和10%的水平上显著；括号内为经过稳健标准误调整后的t值。本文下同。

（四）稳健性检验

1.配对样本检验

由于所选样本中仅有8%的上市公司购买董责险，研究结论难免会受到样本选择偏差的内生性影响。因此本文基于企业当年是否购买董责险这一变更事件，将样本划分为处理组和控制组，采用配对样本的方式进行稳健性检验。首先，本文使用1∶1最近邻PSM匹配法进行样本匹配，得到如表4第（1）列所示的回归结果。其次，考虑到倾向得分匹配虽然在一定程度上消除了处理组与控制组间样本的特征差异，但同时也会使得样本量大幅减少，仍在研究结论的推广上有所欠缺。鉴于此，本文进一步采用了更高维度的熵平衡匹配法，得到如表4第（2）列所示的回归结果。回归结果显示，无论采用何种配对方法，董责险（Doi）的回归系数均在1%水平上显著为正，说明消除企业间的特征差异影响后，董责险依旧能够促进企业数字化转型，与假设H1保持一致。

表4 配对样本检验的回归结果

变量	1∶1PSM匹配	熵平衡匹配
	(1)	(2)
	Digital	Digital
Doi	0.102***	0.093***
	(3.03)	(3.66)
Constant	-1.925***	-2.206***
	(-5.01)	(-8.08)
Control	YES	YES
Industry	YES	YES
Year	YES	YES
N	4 312	32 736
Adj_R^2	0.383	0.379

2.工具变量法

考虑到反向因果问题可能对研究结论产生的影响，本文进一步采用工具变量法缓解该内生性问题。首先，本文参考Jia和Tang（2018）的研究，采用上市公司所在省份当年的金融机构数量（Doi_Ins）作为第一个工具变量，回归结果见表5第（1）~（2）列。其次，本文还使用了上市公司当年所在省份的购买董责险均值（Doi_Pro）作为第二个工具变量，回归结果见表5第（3）~（4）列。从上述回归结果中可以发现，两个工具变量第一阶段的回归系数均在1%的水平上显著为正。在此基础上，第二阶段中的董责险（Doi）的回归系数仍至少在5%的水平上显著为正，依旧支持本文假设H1。同时，两个工具变量第一阶段的F值以及K-P rk LM检验和C-D Wald F检验的结果均表明不存在弱工具变量问题，即选取的工具变量是合理可靠的。

3.安慰剂检验

董责险对企业数字化转型的正向影响可能是某些难以观测和控制的随机变量导致的，即存在一定的伪相关可能，为排除这一担忧，本文进行了安慰剂检验。具体而言，本文通过随机生成购买董责险公司变量替换原解释变量，在此基础上重复进行1 000次回归实验并得到对应的解释变量的估计结果，绘制出如图2所示的分布图。从图2可以看到，随机指定的董责险估计系数都集中在零的附近且服从正态分布，同时基本回归结果中的真实解释变量的估计系数（图2中的虚线）在随机估计结果的99%以外，这表明董责险对企业数字化转型的影响并非随机偶然因素导致的，从而排除了伪相关对本文结论的干扰。

表5　　工具变量法的回归结果

变量	金融机构数量（Doi_Ins）		所在省份购买董责险均值（Doi_Pro）	
	第一阶段	第二阶段	第一阶段	第二阶段
	（1）	（2）	（3）	（4）
	Doi	Digital	Doi	Digital
Doi		1.902**		2.722***
		（2.23）		（5.94）
Doi_Ins	0.000***			
	（4.77）			
Doi_Pro			0.884***	
			（10.09）	
Constant	−0.666***	−1.882***	−0.661***	−1.353**
	（−5.79）	（−2.84）	（−5.93）	（−2.57）
Control	YES	YES	YES	YES
Industry	YES	YES	YES	YES
Year	YES	YES	YES	YES
N	31 324	31 324	31 714	31 714
Adj-R^2		0.279		0.159
第一阶段F值	22.710		101.730	
K-P rk LM统计量	22.165***		93.469***	
C-D Wald F统计量	22.709 [16.380]		715.119 [16.380]	

注：方括号内为在10%的显著性水平上Stock-Yogo弱工具变量识别F检验的临界值。

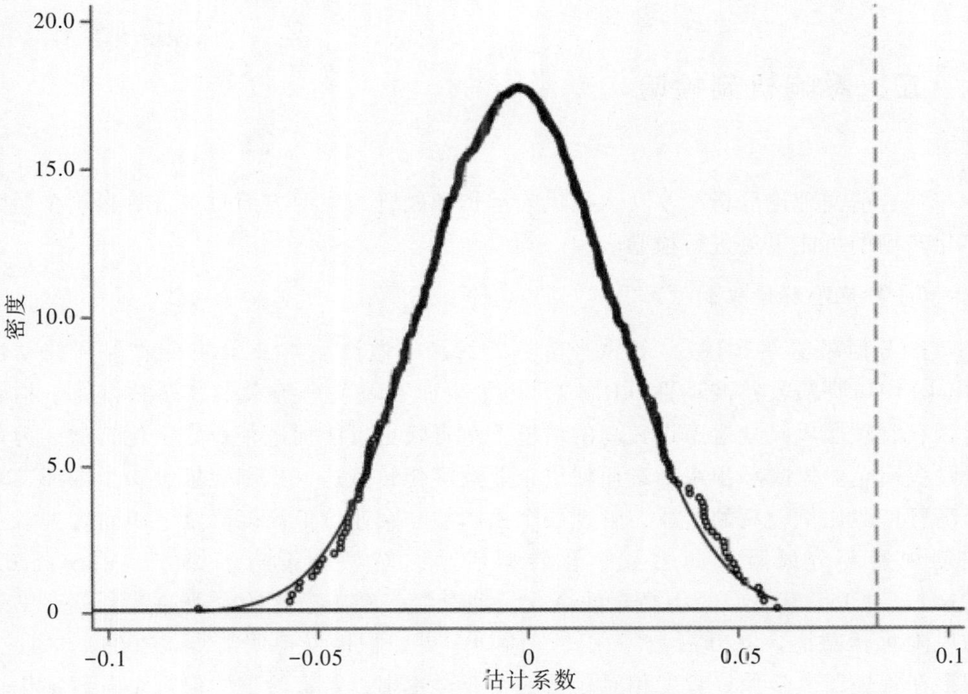

图2 安慰剂检验结果

4.其他稳健性检验

排除上述内生性干扰后，本文还采用了以下方法进行进一步稳健性检验（受限于篇幅，相关结果并未列出）：(1) 替换关键变量度量指标。首先，参考戚聿东和蔡呈伟（2020）以及祁怀锦等（2020）和张永珅等（2021）的做法，本文分别采用每个企业年报中与数字化转型相关的五个子指标关键词数占当年同一行业全部企业同类关键词总数的权重之和与相关数字化无形资产占比重新衡量企业数字化转型。其次，参考凌士显和白锐锋（2017）的做法，以企业购买董责险的相对时间长度和购买董责险保额的大小重新构建董责险指标。(2) 排除企业策略性披露行为。借鉴袁淳等（2021）的做法，分别剔除样本期间内年报数字化总词频为0的企业样本、剔除样本期间内因信息披露问题受到证监会或证券交易所处罚的企业样本以及仅保留深圳证券交易所信息披露考评结果为优秀或良好的企业样本。上述检验结果与基本回归结果保持一致。

五、影响机制检验

结合前文理论分析，本文将从风险承担和融资约束两方面对董责险影响企业数字化转型的可能渠道进行检验。

（一）风险补偿机制

参考何瑛等（2019）、刘娥平等（2022）的做法，本文采用企业盈利波动性（Risk1）和股票收益波动性（Risk2）衡量企业的风险承担水平。同时，通过检验是否在管理层风险规避意识较高的情境下董责险更可能促进企业数字化转型，为董责险提高企业风险承担水平进而促进企业数字化转型这一机制提供进一步佐证。对于高管持股比例较高的企业，管理层个人利益与企业价值高度绑定，因而管理者会主动规避部分风险较高的数字化转型活动，转型决策趋于保守（Mara et al., 2016）。对于没有海归经历高管的企业，拥有海归经历高管的企业通常会具有更强的风险承担意愿，在开展数字化转型活动中更加积极（申明浩等，2023）。因此，如果在管理层风险偏好程度相对较低的企业样本中，董责险更能促进企业数字化转型，则说明该保险可以有效分散管理层在数字化转型过程中所需承担的额外风险，使其更愿意在数字化转型方面进行大量投资，提升数字化转型水平。具体地，本文分别利用高管持股比例中位数以及高管团队中是否具有海归背景高管对样本进行分组。

表6列示了风险补偿机制的检验结果。第（1）~（2）列所示，风险承担（Risk1/Risk2）对董责险（Doi）的回归系数在1%的水平上显著为正，说明上市公司购买董责险能够显著提高企业的风险承担水平。第（3）~（6）列给出了董责险对管理层风险偏好不同的企业数字化转型的异质性影响。可以看到，企业数字化转型（Digital）对董责险（Doi）的回归系数仅在高管持股比例高、非海归高管的企业样本中显著为正，且通过了组间系数差异检验。上述结果表明，购买董责险可以通过风险补偿效应促使管理者承担更多的数字化风险性项目，进而提升企业的数字化转型水平。

（二）融资赋能机制

参考林川（2022）、唐松等（2022）的研究，本文采用SA指数的绝对值和KZ指数两个指标作为企业融资约束的代理变量。同时，通过检验是否在企业融资压力较大的情境下董责险更可能促进企业数字化转型，为董责险缓解融资约束进而促进企业数字化转型这一机制提供进一步佐证。相比于非国有企业，国有企业可以凭借

表6 风险补偿机制的检验结果

变量	企业盈利波动性	股票收益波动性	高管持股比高	高管持股比低	海归高管	非海归高管
	(1)	(2)	(3)	(4)	(5)	(6)
	Risk1	Risk2	Digital	Digital	Digital	Digital
Doi	0.007***	0.030***	0.245***	0.029	0.015	0.089***
	(7.62)	(3.58)	(4.77)	(1.13)	(0.19)	(3.52)
Constant	0.180***	-1.091***	-4.433***	-2.438***	-2.921***	-2.908***
	(26.98)	(-10.07)	(-14.27)	(-13.69)	(-4.67)	(-17.83)
Control	YES	YES	YES	YES	YES	YES
Industry	YES	YES	YES	YES	YES	YES
Year	YES	YES	YES	YES	YES	YES
N	32 201	32 626	16 368	16 368	2 414	30 320
Adj-R^2	0.191	0.062	0.387	0.352	0.367	0.388
经验P值			0.000***		0.080*	

政府担保优势获得更多的政策补贴和资金支持，从而有更多的资金投入数字化转型活动中（张永坤等，2021）。与中小企业相比，大型企业利用其良好的声誉资本和强大的市场竞争力更容易获得外部融资，加快数字化转型进程（张任之，2023）。因此，如果在融资压力相对较高的企业样本中，董责险更能促进企业数字化转型，则说明该保险可以有效缓解企业的融资约束，使其拥有更多资金投入数字化转型活动中，提升数字化转型水平。具体地，本文分别利用是否为国有企业以及营业收入中位数对样本进行分组。

表7列示了融资赋能机制的检验结果。第（1）~（2）列所示，融资约束（SA/KZ）对董责险（Doi）的回归系数在1%的水平上显著为负，说明上市公司购买董责险能够在一定程度上缓解企业外部融资约束。第（3）~（6）列给出了董责险对融资约束压力不同的企业数字化转型的异质性影响。可以看到，在非国有企业和中小型企业样本中，董责险对企业数字化转型的促进作用更为显著。上述结果表明，购买董责险所产生的积极治理信号能在一定程度上缓解企业的融约窘境，为开展数字化活动提供更为充足的资金保障，进而提升企业的数字化转型水平。

表7　融资赋能机制的检验结果

变量	SA指数	KZ指数	国有企业	非国有企业	大型企业	中小型企业
	(1)	(2)	(3)	(4)	(5)	(6)
	SA	KZ	Digital	Digital	Digital	Digital
Doi	-0.035^{***}	-0.088^{**}	0.030	0.198^{***}	0.082^{*}	0.086^{***}
	(−6.48)	(−2.34)	(1.07)	(4.62)	(1.85)	(2.97)
Idr	−0.012	0.322	0.640^{***}	0.929^{***}	0.743^{***}	0.764^{***}
	(−0.53)	(1.53)	(3.35)	(4.73)	(3.42)	(4.20)
Constant	3.019^{***}	6.303^{***}	-2.245^{***}	-4.261^{***}	-2.834^{***}	-2.161^{***}
	(33.23)	(23.25)	(−10.84)	(−17.46)	(−8.83)	(−8.69)
Control	YES	YES	YES	YES	YES	YES
Industry	YES	YES	YES	YES	YES	YES
Year	YES	YES	YES	YES	YES	YES
N	32 119	28 823	11 568	21 168	16 110	16 113
Adj_R^2	0.847	0.534	0.383	0.379	0.404	0.375
经验P值			0.000^{***}		0.050^{**}	

六、进一步研究分析

（一）基于购买董责险特征的差异分析

通过观察上市公司购买董责险的特征发现，部分公司存在间断性购买和更换承保机构的现象，而这些行为很可能会对董责险治理效应的发挥产生影响。因此，本文将对研究样本中购买董责险的公司样本展开进一步分析，以探究购买董责险的特征差异是否会影响董责险对企业数字化转型促进作用的强弱。

1.是否连续性购买董责险

考虑到上市公司购买董责险存在连续性购买和间断性购买现象，这很可能会影响董责险对企业数字化转型治理效应的强弱。因此，本文构造了是否连续购买董责险变量（Doi_Continue），若上市公司在样本期间内连续性购买董责险则取1，间断性购买则取0，以进一步检验是否连续性购买董责险更能发挥其在企业数字化转型中的治理效应，使企业拥有更高的数字化转型水平。

表8第（1）~（2）列的回归结果显示，是否连续性购买董责险变量（Doi_Continue）的回归系数在1%水平上显著为正，这说明相较于企业间断性购买董责险的行为，连续性购买董责险行为更能保证董责险在企业数字化转型中治理有效性的发挥，使企业拥有更高的数字化转型水平。

表8 基于购买董责险特征的差异分析结果

变量	是否连续性购买		是否更换承保机构	
	（1）	（2）	（3）	（4）
	Digital	Digital	Digital	Digital
Doi_Continue	0.245***	0.247***		
	（2.74）	（2.76）		
Doi_Change			0.276*	0.264*
			（1.86）	（1.67）
Constant	0.252	−2.309***	0.239	−2.014**
	（1.55）	（−4.61）	（0.87）	（−2.16）
Control	YES	YES	YES	YES
Industry	YES	YES	YES	YES
Year	YES	YES	YES	YES
N	2 530	2 530	2 530	2 530
Adj_R^2	0.339	0.366	0.318	0.334

2.是否更换董责险承保机构

董责险发挥治理效应的一条重要途径便是引入第三方保险机构的监督，以规范管理层的机会主义行为。但需要注意的是，保险机构监督效果的好坏是建立在对企业客观经营状况了解程度的基础之上的，若保险机构能与同一企业拥有长期且持续的合作，那必将加深其对该企业全方位的认知，进一步降低信息不对称问题，促使其更好地发挥作为独立监督主体的重要作用，从而增强董责险的数字化转型促进作用。鉴于此，本文构建了是否更换承保机构变量（Doi_Change），若企业在样本期间内不存在更换承保机构的行为则取1，存在更换行为则取0。

表8第（3）~（4）列的回归结果显示，是否更换承保机构变量（Doi_Change）

的回归系数在10%水平上显著为正，这说明相较于出现更换董责险承保机构的公司，未更换董责险承保机构的公司更能确保董责险在企业数字化转型中治理效应的发挥，会拥有更高的数字化转型水平。

（二）基于企业时空维度的异质性分析

鉴于企业数字化转型程度与所处发展阶段和空间地理位置密切相关，董责险对企业数字化转型的促进作用在不同条件下可能存在差异性。因此，本文将从时间和空间两个维度探究董责险对企业数字化转型影响的异质性特征。

1.时间维度的削弱现象

参考Dickinson（2011）的做法，本文采用现金流模式法根据经营、投资、筹资现金流净额的正负将样本企业划分为非衰退期（包括成长期和成熟期）和衰退期。表9第（1）~（2）列的回归结果显示，董责险对企业数字化转型的促进作用只在非衰退期的企业样本中显著为正，而在衰退期企业样本中回归系数虽然正，但在统计上并不显著，且通过了组间系数差异检验。产生这种差异的可能原因为：一方面，相较于非衰退期企业，衰退期企业由于经营风险较高，管理层失去对内部管理机制优化的信心和进行数字化转型的动力（唐松等，2022），即使在数字经济大力发展的背景下也很难开展彻底的数字化转型活动。另一方面，衰退期企业内部组织结构僵化，难以适应快速变化的市场消费者偏好，导致财务状况持续恶化，进而失去外部投资者的青睐（张旭娜等，2023），更难解决数字化转型过程中的融资难问题。此时公司购买董责险的效果会发生变质，董责险更多地成为管理层维护私人利益免受侵害的自利工具，难以发挥风险补偿和融资赋能的作用，最终使得其在数字化转型方面的促进作用被极大削弱。

表9 基于企业时空维度的异质性分析结果

变量	非衰退期	衰退期	中西部地区	东部地区
	（1）	（2）	（3）	（4）
	Digital	Digital	Digital	Digital
Doi	0.140^{***}	0.008	0.154^{***}	0.037
	（4.44）	（0.21）	（3.53）	（1.23）
Constant	-2.861^{***}	-2.320^{***}	-2.420^{***}	-3.629^{***}
	（-14.44）	（-8.54）	（-10.05）	（-17.12）
Control	YES	YES	YES	YES
Industry	YES	YES	YES	YES

续表

变量	非衰退期	衰退期	中西部地区	东部地区
	(1)	(2)	(3)	(4)
	Digital	Digital	Digital	Digital
Year	YES	YES	YES	YES
N	26 296	6 302	10 067	21 647
Adj_R^2	0.387	0.388	0.375	0.389
经验P值	0.000***		0.000***	

2.空间维度的替代现象

参考王守海等（2022）的做法，本文根据企业所处地区将样本划分为中西部地区和东部地区。表9第（3）~（4）列的回归结果显示，董责险对企业数字化转型的促进作用只在中西部地区的企业样本中显著为正，而在东部地区企业样本中回归系数虽然为正，但在统计上并不显著，且通过了组间系数差异检验。产生这种差异的可能原因为：一方面，相较于中西部的企业，东部地区企业普遍面临更大的市场竞争压力，为了在积累的竞争环境中脱颖而出，管理层在推进企业数字化升级上的主观意愿会更加强烈（王守海等，2022），更愿意承担额外的转型风险，加快提高数字化转型水平，促进企业未来绩效的提升。另一方面，东部地区企业拥有更加完善新型数字基础设施，数字化转型效率普遍较高，数字化成果较为突出（唐静、冯思允，2023），在此条件下投资者更愿意将资金投入该部分地区的企业中，致使东部地区企业在数字化转型过程中的融资压力相对较低。此时董事高管责任险在企业数字化上所发挥的积极治理效应将会被地区数字化优势所替代，对企业数字化转型的促进作用并不显著。

七、研究结论与政策建议

本文从企业数字化转型视角出发，以2010—2021年沪深A股上市公司为研究对象，实证检验了董责险的公司治理有效性。研究结果表明：（1）董责险对企业数字化转型具有显著正向影响，发挥了激励监督效应；（2）影响机制方面，董责险主要通过“风险补偿”和“融资赋能”两条途径帮助加快企业的数字化转型进程；（3）在购买董责险的公司中，连续性购买董责险和未更换过承保机构的公司拥有更高的数字化转型水平；（4）董责险对企业数字化转型的促进作用存在时间维度的削弱现象和空间维度的替代现象，即董责险对企业数字化转型的促进作用仅在处于非衰退期和中西部地区的企业中显著。

基于上述研究结论，本文得到以下建议：

第一，应加快完善董责险保险制度，进一步扩大董责险在我国上市公司中的覆盖率。政府应更加重视数字化时代下董责险的发展，尤其是要设计符合我国基本国情以及资本市场发展环境的保险条款，并能够根据不同行业、不同公司的特征做到灵活调整，强化董责险的风险保障功能，从主观上增强企业的投保意愿。同时，董责险的法律依赖性很强，政府应继续出台更多类似新《证券法》的法律，加快我国资本市场法治建设，从客观上强化企业的投保需求，以此推动董责险的普及和发展。

第二，应更加关注购买董责险特征差异对其治理效应强弱的影响，以强化董责险对企业数字化转型的积极作用。从目前我国上市公司公布的董责险购买情况可以发现，部分公司存在间断性购买董责险和更换董责险承保机构的现象，而这种行为会对董责险在企业数字化转型方面的积极治理效应产生影响。因此，当今数字时代下的企业不仅要尽快认购董责险，还要尽可能保证持续购买，并与可信赖的保险机构建立长期稳定的合作关系，以增强董责险在企业数字化转型发展中的重要激励监督效应，促进企业管理层更加勤勉任职，加快企业数字化转型进程，从而实现企业高质量发展。

第三，应重视企业在时空维度的异质性对数字化时代董责险治理有效性的影响。从时间维度来看，政府应更加关注衰退期企业的发展状况，给予其适当的政策支持或技术补贴，以增强董责险对促进衰退期企业数字化转型的适用性。从空间维度来看，政府应更加关注各地区间企业数字化转型的均衡发展，加大对中西部地区数字基础设施的投资力度，逐步实现数字技术的跨区域流动和渗透，为我国企业加快数字化转型发展速度提供源源不断的新动能。

Research on the Effectiveness of Corporate Governance of Directors' and Officers' Liability Insurance: From the Perspective of Enterprise Digital Transformation

Dongyan Mo, Jiaxuan Li

Abstract As a hot topic in the field of corporate governance, whether directors' and officers' liability insurance can exert its governance effect in the context of the new digital era needs further exploration. From the perspective of enterprises digital transformation, this article empirically tests the effectiveness of corporate governance of D&O insurance using listed companies in China from 2010 to 2021 as samples. The results show that D&O insurance can significantly improve the level of enterprises digital transformation, with incentive and supervisory effects, and this effect is mainly achieved through two paths: "risk compensation" and "financing empowerment"; Further analysis reveals that among companies that purchase D&O insurance, companies that continuously purchase and do not change underwriting institutions have higher levels of digital transformation; The promotion effect of D&O insurance on digital transformation is only significant in enterprises in non recession and central and western regions. The research conclusion not only provides a new research perspective for testing the governance effect of D&O insurance, but also has certain enlightening significance on how to better play the governance role of D&O insurance.

Key Words directors' and officers' liability insurance; enterprises digital transformation; incentive supervision effect

参考文献

[1] 邓芳，游柏祥，陈品如. 企业信息化水平对审计收费的影响研究 [J]. 审计研究，2017 (1)：78-87.

[2] 冯来强，孔祥婷，曹慧娟. 董事高管责任保险与权益资本成本——来自信息质量渠道的实证研究证据 [J]. 会计研究，2017 (11)：65-71；91.

[3] 关鑫，柴晨洁，高闯. 董责险对企业非效率投资的抑制机理——基于监督与信号传递效应的共同中介作用 [J]. 经济与管理研究，2021，42 (12)：93-112.

[4] 何瑛，于文蕾，杨棉之. CEO复合型职业经历、企业风险承担与企业价值 [J]. 中国工业经济，2019 (9)：155-173.

[5] 黄隽，宋文欣. 数字化转型、企业生命周期与突破性创新——来自中国上市公司的经验证据 [J]. 上海经济研究，2023 (1)：48-69.

[6] 赖黎，唐芸茜，夏晓兰，等. 董事高管责任保险降低了企业风险吗？——基于短贷长投和信贷获取的视角 [J]. 管理世界，2019，35 (10)：160-171.

[7] 雷啸，唐雪松，蒋心怡. 董事高管责任保险能否抑制公司违规行为？[J]. 经济与管理研究，2020，41 (2)：127-144.

[8] 林川. 数字化转型与股价崩盘风险 [J]. 证券市场导报，2022 (6)：47-57.

[9] 凌士显，白锐锋. 董事高管责任保险的公司治理作用——基于双重代理成本的视角 [J]. 财贸经济，2017，38 (12)：95-110.

[10] 凌士显，白锐锋. 董事高管责任保险与公司费用粘性——基于中国上市公司经验数据的实证检验 [J]. 保险研究，2018 (5)：73-86.

[11] 刘娥平，钟君煜，赵伟捷.风险投资对企业风险承担的影响研究［J］. 科研管理，2022，43（8）：109-118.

[12] 戚聿东，蔡呈伟.数字化对制造业企业绩效的多重影响及其机理研究［J］. 学习与探索，2020（7）：108-119.

[13] 戚聿东，肖旭.数字经济时代的企业管理变革［J］. 管理世界，2020，36（6）：135-152；250.

[14] 祁怀锦，曹修琴，刘艳霞.数字经济对公司治理的影响——基于信息不对称和管理者非理性行为视角［J］. 改革，2020（4）：50-64.

[15] 申明浩，庞钰标，谭伟杰.道不同可相为谋：高管团队异质性与企业数字化战略［J］. 南方金融，2023（1）：50-64.

[16] 唐静，冯思允.数字化转型对服务业企业全要素生产率影响研究［J］. 国际商务（对外经济贸易大学学报），2023（3）：121-140.

[17] 唐松，苏雪莎，赵丹妮.金融科技与企业数字化转型——基于企业生命周期视角［J］. 财经科学，2022（2）：17-32.

[18] 王守海，徐晓彤，刘烨炜.企业数字化转型会降低债务违约风险吗？［J］. 证券市场导报，2022（4）：45-56.

[19] 王永贵，汪淋淋.传统企业数字化转型战略的类型识别与转型模式选择研究［J］. 管理评论，2021，33（11）：84-93.

[20] 吴非，胡慧芷，林慧妍，等.企业数字化转型与资本市场表现——来自股票流动性的经验证据［J］. 管理世界，2021，37（7）：130-144；10.

[21] 肖小虹，潘也.董事高管责任保险与企业绿色创新：激励工具还是自利手段［J］. 科技进步与对策，2022，39（13）：94-104.

[22] 许荣，刘怡君.董事高管责任保险影响公司价值吗？——基于新《证券法》修订事件研究的证据［J］. 金融评论，2021，13（3）：79-100；125-126.

[23] 姚小涛，亓晖，刘琳琳，等.企业数字化转型：再认识与再出发［J］. 西安交通大学学报（社会科学版），2022，42（3）：1-9.

[24] 袁淳，肖土盛，耿春晓，等.数字化转型与企业分工：专业化还是纵向一体化［J］. 中国工业经济，2021（9）：137-155.

[25] 袁蓉丽，文雯，谢志华.董事高管责任保险和财务报表重述［J］. 会计研究，2018（5）：21-27.

[26] 张昆贤，陈晓蓉.谁在推动数字化？——一项基于高阶理论和烙印理论视角的经验研究［J］. 经济与管理研究，2021，42（10）：68-87.

[27] 张人方.董事高管责任险、薪酬替代与企业绩效——基于国有企业“限薪令”的准自然实验［J］. 上海财经大学学报，2021，23（3）：107-121.

[28] 张任之.企业数字化转型能否提升智力资本价值创造效率？［J］. 财经问题研究，2023（5）：89-100.

[29] 张十根，王信平.董事高管责任保险与会计信息质量——兼议经济政策不确定性的调节作用［J］. 保险研究，2021（5）：33-49.

[30] 张旭娜，南士敬，卢山冰．数字经济与制造业企业创新——基于企业生命周期理论的检验［J］．商业研究，2023（2）：81-89.

[31] 张永珅，李小波，邢铭强．企业数字化转型与审计定价［J］．审计研究，2021（3）：62-71.

[32] 赵国宇，梁慧萍．董事高管责任保险促进企业创新吗？——基于信贷寻租与融资约束的视角［J］．外国经济与管理，2022，44（3）：103-117.

[33] BAKER T，GRIFFITH S J. Predicting corporate governance risk：evidence from the directors' and officers' liability insurance market［J］．The University of Chicago Law Review，2007，74（2）：487-544.

[34] DICKINSON V. Cash flow patterns as a proxy for firm life cycle［J］．The Accounting Review，2011，86（6）：1969-1994.

[35] JIA N，TANG X S. Directors' and officers' liability insurance，independent director behavior，and governance effect［J］．Journal of Risk and Insurance，2018，85（4）：1013-1054.

[36] LIN C，OFFICER M S，WANG R，et al. Directors' and officers' liability insurance and loan spreads［J］．Journal of Financial Economics，2013，110（1）：37-60.

[37] MARA F，MARIA-TERESA M，ROBERTO M. CEO gender，corporate risk-taking，and the efficiency of capital allocation［J］．Journal of Corporate Finance，2016，39：193-209.

[38] WENG T C，CHEN G Z，CHI H Y. Effects of directors and officers liability insurance on accounting restatements［J］．International Review of Economics and Finance，2017，49：437-452.

[39] YUAN A R，SUN B J，CAO C F. Directors' and officers' liability insurance and stock price crash risk［J］．Journal of Corporate Finance，2016，37：173-192.